C000097263

LOS VÍNCULOS AMOROSOS

Fina Sanz

LOS VÍNCULOS AMOROSOS

AMAR DESDE LA IDENTIDAD EN LA TERAPIA DE REENCUENTRO

**Ilustraciones: Maribel Cobo,
Jacinta Gil Roncalés y Guillermo Ramos**

editorial Kairós

Numancia, 117-121
08029 Barcelona

© Fina Sanz y Editorial Kairós, S.A., 1995

Primera edición: Diciembre 1995
Decimosexta edición: Junio 2019

ISBN-10: 84-7245-361-8
ISBN-13: 978-84-7245-361-6
Depósito legal: B-1.338/2012

Fotocomposición: Beluga & Mleka. Córcega, 267. 08008 Barcelona
Impresión y encudernación: Litogama

A mi madre
A mi padre
A Andreu
A Isabel

A toda la gente que he querido
Que quiero
Que querré

El amor es un viaje.
Cada cual hace su camino,
pero es grato acompañarnos.

Los procesos amorosos están presentes en la vida de toda persona.

Querámoslo o no vivimos pérdidas, nos enamoramos, nos desenamoramos, establecemos distintos vínculos afectivos, atravesamos cambios, sentimos miedos, confiamos en la vida y sentimos el amor o tememos nuestras propias posibilidades y a los demás en su acercamiento, nos acercamos, nos alejamos, rompemos vínculos, los transformamos, repetimos esquemas, creamos nuevas posibilidades, tenemos deseos sexuales, fantasías amorosas, nos sentimos en soledad o acompañados, con amor o con carencias afectivas.

Los vínculos afectivos forman parte de la socialización de la persona y contribuyen a su bienestar o su infelicidad en el día a día.

He acompañado a muchas personas en sus procesos amorosos, en distintas etapas de este viaje. He sentido en ellas y en mi propia vida la alegría, la tristeza, el vacío, la impotencia, la enseñanza, el miedo, la creatividad, la expansión, la ilusión, la esperanza...

AGRADECIMIENTOS

En primer lugar quiero darles las gracias a todas esas personas que me hayan permitido estar a su lado.

Quiero agradecerlo también a mis amigas y amigos que me han acompañado en momentos de alegría y también de dolor. Que han estado ahí, simplemente con su presencia.

A Charo Altable, Fina Muñoz, José Vicente Ramón, Jean Lescouflair, que me han animado en la escritura y aportado sugerencias. A Consuelo Ruiz Jarabo que, además, ha sido la impulsora de los grupos para la intervención comunitaria que se vienen haciendo en Madrid.

A Teresa Segarra y Ester Jovani.

A Maribel Chalas, Nelsy y Jenny de Santo Domingo; a Ester Casanova de México, a Sarah García, Zonia Nordet y María D. Maurisset de Cuba, a Rachel Gutiérrez de Brasil, a Sara Olstein de Argentina, por su colaboración con las mujeres y hombres de Latinoamérica.

A Tan Nguyen, Monique Fradot y Tarab Tulku.

A la Asociación Mujer, Salud y Paz, y entidades con las

que mantengo vínculos profesionales y afectivos como la Federación de Sociedades de Sexología y la Sociedad Española de Psicoterapia y Técnicas de Grupo.

A las personas que de una u otra forma, con sus fotos, narraciones o sugerencias, han colaborado en este texto, especialmente mi familia, clientes y las mujeres y los hombres de mis grupos.

A Guillermo Ramos, Maribel Cobo y Jacinta Gil Roncalés, por las ilustraciones aportadas. En el caso de Jacinta Gil Roncalés, la autorización para la reproducción de sus obras.

A la Editorial Kairós por su interés y confianza.

Pero sobre todo quisiera expresar todo mi agradecimiento a mi amigo Juan Luis García Ferrer, que me ha ido transmitiendo todo su entusiasmo y su ayuda incondicional en la supervisión y corrección de este texto. Ha sido un placer poder discutir con él cada capítulo.

Quiero agradecer todo el amor que he recibido en mi vida.

1. INTRODUCCIÓN

Bajo muchos comportamientos, actitudes o conflictos late profunda y enmascaradamente el intento de satisfacer una necesidad afectiva. La afectividad es básica en el ser humano. *Todas las personas, mujeres y hombres necesitamos amar y ser amados,* comunicarnos afectivamente, ser reconocidas/os, valorados/as, vincularnos con alguien o algo. De ello depende una buena parte de nuestra calidad de vida, de nuestro equilibrio emocional y con el mundo. Pero esa necesidad la expresamos, la manifestamos de formas distintas.

La forma en que amamos y vivimos el amor varones y mujeres tiende a ser diferente porque partimos de dos subculturas, femenina y masculina, que implican valores y roles distintos. Nuestras prioridades no pasan por los mismos lugares. Por eso, entre otras cosas, es difícil comunicarnos y entendernos, también, en el tema del amor.

Para las mujeres, el amor es probablemente el eje fundamental de sus vidas, o al menos, son educadas para que así sea. Fue a los nueve años cuando bordé la primera bolsa de pan de mi ajuar, para cuando me casara. Horas y horas haciendo punto de cruz mientras fantaseaba cuándo utilizaría aquella bolsa y con quién, jugando a imaginarme la cara de quien sería mi persona amada.

Generalmente esas actividades –coser, bordar– de mujeres de diferentes edades tenían como compañeras las canciones y novelas de la radio; otras veces –entre las más jóvenes– se charlaba de fantasías amorosas o de encuentros de miradas, de palabras... En otras era la relación con lo cotidiano –el marido, las relaciones con la hija o el hijo, con la familia–, o bien compartíamos el silencio. Aquél podía ser nuestro pequeño espacio privado. Qué duda cabe que ello determina buena parte de la psicología y valores femeninos, y a su vez, aquellas actividades derivaban de los valores sociales.

Desde pequeñas, la vida de las mujeres está en buena parte, destinada a amar. O más bien, destinada a que la mujer aprenda *cómo debe amar,* qué significará el amor en su vida. A las mujeres se nos enseña a amar para dar y ser queridas, para ser reconocidas por alguien.

No ocurre igual con los varones. No han sido educados para lo mismo. La mayor parte de las conversaciones entre mujeres giran en torno a cuestiones afectivas. La mayor parte de las conversaciones de los varones tratan de temas socio-político-laborales. La mujer se centra en lo íntimo, en el mundo de lo privado; el varón en el terreno de lo público, de lo externo y, al contrario que la mujer, evita conectar con sus emociones, exceptuando la cólera. Tiene miedo a la intimidad afectiva.

Mujeres y varones tenemos, como subculturas[1], formas diferentes de vivenciar y expresar el sentimiento amoroso. Pero más allá de las apariencias, de las formas externas, e incluso de tener conciencia de ello, mujeres y varones nos parecemos bastante –con todas nuestras diferencias–, tenemos una base común, *buscamos lo mismo sólo que por caminos distintos,* y sin saber muy bien qué hacer para encontrar nuestro equilibrio.

Como mujer, a través de mi vida he tenido que comprender qué aspectos de mi mundo afectivo/amoroso y de mis vínculos pertenecían al mundo de las mujeres y qué particularidades eran mías, las había adquirido en mi devenir amoroso, cuáles me ayudaban a vivir en un mayor equilibrio emocional y desarrollo personal y cuáles me hacían daño, no eran buenas para mí y, por lo tanto, necesitaba cambiar. Los errores, los aciertos, el darse cuenta y los cambios forman parte de nuestra vida cotidiana.

La primera vez que hablé de esto públicamente vi que aparecía tal confusión, interés e inquietud que consideré que era un tema importante a debatir. En el vínculo amoroso se entremezclan tantas cosas que a veces nos encontramos perdidos/as en un mundo que necesitamos, pero que no comprendemos o sentimos que nos lastima. No importa la edad, el sexo o la profesión, cualquiera puede sentir, hablar, sintonizar con el tema del amor porque, de una forma u otra, experimenta su presencia o ausencia, lo que constituye un factor de equilibrio o desequilibrio emocional, de autoestima o depreciación.

Tanto en la consulta como en los grupos que coordino veo continuamente a mujeres y hombres recorrer caminos de búsqueda amorosa. En ocasiones esta búsqueda resulta inútil, en otras se repiten historias ya conocidas y frustrantes, o se introducen en relaciones de poder, de coacción o chantajes. Se desea amar, se desea tener una pareja, o incluso amistades, pero parece que no se sabe o no se puede conseguir. *Hay quien sufre porque no puede vincularse y lo desea, o porque se vincula mal, o con altos precios y con dolor.*

La dificultad de vivir el amor se concreta en dos grandes apartados:

a) La falta de amor a sí mismo/a.

b) No saber dar y recibir amor en relación a los demás.

El amor a sí misma/o es un aprendizaje básico. No se puede dar lo que no se tiene, ni enseñar lo que no se sabe. Ante el miedo a ser calificados –equívocamente– de "narcisistas" o "egoístas", nos hemos mantenido alienados de nuestro propio cuerpo, desconocedores de nuestros ritmos y nuestras necesidades sin saber tratarnos bien, querernos, ni respetarnos. En última instancia, amarnos significa reconocer nuestra dignidad de personas y el derecho de vivir en condiciones de dignidad, con nuestros límites, nuestra historia y nuestro ritmo de desarrollo.

El amor y el respeto a sí mismo/a ayuda a amar y respetar a los demás. La persona que no se ama tiene *dificultades para aceptar ser amada gratuitamente;* cuando se le ama no se lo cree y de un momento a otro espera ser abandonada, ya que no se considera a sí misma como valiosa. Seguramente no nos damos cuenta, pero nuestra autopercepción trasciende al exterior de una u otra forma: por nuestros gestos, por nuestros actos. Es como si lleváramos un cartel colgado al pecho que dijera: "Merezco..." o "No merezco...", y con ello colaboramos a encontrar relaciones que confirman y mantienen nuestras creencias profundas.

Alguien que se percibe como no digna/o de amor, fácilmente crea dependencias de quien se lo ofrece. En ese sentido he visto sobre todo a mujeres con baja autoestima; mujeres que estaban conviviendo o convivieron con hombres –o mujeres– que dijeron amarlas. Ni siquiera se lo plantearon, pero se sintieron tan halagadas, deslumbradas ante el hecho de poder gustar a alguien –ellas, ¡tan poca cosa!–, de poder despertar amor, o atracción, que aceptaron sin más el deseo o los sentimientos del otro/la otra sin cuestionarse los suyos propios; el deseo ajeno mejoraba su propia imagen y su autoestima. Al cabo del tiempo sintieron apatía y reconocieron su falta de deseo y de amor –aquello era lo que les motivaba a acudir a la consulta–. Sin embargo temían dejar a la pareja, tenían miedo a la pérdida y el fantasma de "¿quién me va a querer?" reaparecía de nuevo.

Éstos son problemas que, de forma encubierta, se manifiestan con frecuencia en una consulta de *psicoterapia*: dificultades de vivir el amor (dar y recibir), problemas en las relaciones interpersonales (en relación a la familia, a los amigos, a la pareja), carencia afectiva, tristeza y cólera (frente a quienes cree que no la/lo quieren y frente a sí mismo/a como ser despreciable). Soledad, aislamiento, dificultad de vincularse.

Afecta asimismo a la vida sexual y afectiva de la pareja y es motivo, también, de consultas *sexológicas*: inhibiciones respecto al cuerpo expresadas en el miedo, la desconfianza, el no poder vivir la experiencia fusional sexual, orgásmica, no saber cuidar/dar, no saber aceptar –no creerse el amor del otro, no poder recibir el cariño, el deseo...–; no saber compartir.

La dificultad en recibir conlleva asimismo una *dificultad en dar* porque, al no permitirse el recibir, la persona se siente permanentemente carenciada, y vacía.

A otras personas, por el contrario, *el amor les ayuda en un camino de crecimiento personal,* les abre perspectivas de libertad e impulso para desarrollar su creatividad, introduciéndose en espacios desconocidos e incluso mágicos.

En el proceso amoroso existen muchos elementos que están interactuando a la vez y que en gran medida son inconscientes, lo que facilita la creencia de que casi somos ajenas/os a nuestras vivencias amorosas y al rumbo que se genera en nuestra vida.

ALGUNAS PERSPECTIVAS SOBRE EL AMOR

Cuando hablamos del amor el término puede sugerirnos muchas cosas y quizás también muchas confusiones. No todo el mundo entiende o siente lo mismo. ¿Qué se entiende por amor?

¿QUÉ TE SUGIERE LA PALABRA AMOR?
ESCRÍBELO EN UN PAPEL

Pedí en un grupo que dijeran la palabra o frase que se les ocurriera frente a la palabra "Amor". Éstas fueron algunas de las ideas que aparecieron:

Reto
Necesidad de sentirse querida
Necesidad de querer
Soledad
Esfuerzo
Sacrificio
Herida
Debilidad
Celos
Posesión
Miedo
Conflicto compañía/soledad
Desafío
Respeto del espacio
Lucha

Reconocimiento social
Agobio
Seguridad
Enamorarse
Tristeza
Separarse
Pudrirse
Total disponibilidad
Placer
Repetir historias
Dependencia
Idealización
Vivir el presente
Exigencia
Selección
Compartir
Fusión
Amistad
Inaccesibilidad
Fantasías
Sexualidad
Fogosidad
Miedo al compromiso
Me paralizo
Gratuidad
Distancia
Implicación
Abandono
Lástima
Miedo a no dar la talla
Enfermedad
Salud
Cuando lo tengo me agobia
Fidelidad
Engaño

Tranquilidad
Vivir con alguien
Seducción
Alegría de vivir
Autodescalificación
Deseo
Ilusión

Éstos y otros muchos son aspectos del amor que sentimos, pensamos, creemos, o tememos. En general, podemos hablar del amor como un sentimiento que se desencadena frente a personas, cosas o en determinadas situaciones de nuestra vida. Se puede experimentar amor hacia la humanidad, los/as hijos/as, el/la amado/a, la gente amiga; también puede experimentarse al oír sonar una música, cuando vemos la salida del sol o el atardecer en la montaña o en el mar, ante un pájaro... En esos momentos notamos una emoción interna e intensa en el cuerpo, quizás vemos brotar las lágrimas en nuestros ojos, o expresamos una gran alegría, o respiramos profunda y expansivamente o presentamos cualquier manifestación amorosa. Compartimos algo con lo amado, como si hubiera un fino nexo que nos vincula.

El amor es una experiencia, una experiencia vital para el ser humano que aparece con muchas manifestaciones diversas. Pero hay algo común en las experiencias amorosas de cualquier persona que es lo que podemos reconocer como algo que llamamos amor: como una energía interna expansiva, que crece en nuestro interior y parece desbordarnos, salir al exterior y percibirnos y percibir el mundo de una manera especial captando aspectos de belleza y de creatividad inusuales en lo que nos rodea (la belleza de un día, de una flor, de sentir que vivimos, que respiramos, que estamos aquí para poder vivir lo que vivimos), nos hace contactar con sentimientos profundos que quizás desconocíamos, tocar límites, tener experiencias inexplicables con palabras.

AMOR, SALUD Y ENFERMEDAD

El amor es un tema nuclear, también, para entender el proceso de *salud y enfermedad* de la persona como totalidad. Cuando nos sentimos amadas/os incondicionalmente y cuando amamos, nuestro cuerpo se abre y todo el organismo funciona con un plus de vitalidad.

Ejercicio:

Medita sobre tu vida. Haz una visión retrospectiva. Recuerda las enfermedades que has padecido, períodos en que te has encontrado con más decaimiento, con malestares físicos o determinados problemas psicológicos. Trata de ver si existe relación con períodos de tu vida en los que te has sentido poco amada/o, te sentías fea, desgarbado, poco inteligente, que la gente no te comprendía, desvalorizado...

Recuerda los momentos en que te has sentido amada/o . ¿Cómo te encontrabas entonces físicamente? ¿Cómo te percibías? ¿Cómo te sentías frente a tus proyectos?

En períodos en que hemos vivido crisis afectivas, rupturas, hemos hecho duelos (despedidas afectivas), vivido abandonos, rechazos, teníamos una baja autoestima y nos depreciábamos, es fácil que enfermemos o aparezcan sintomatologías y dolores de diversa índole. Este conjunto de síntomas inespecíficos o generalizados, cuando llegan a cronificarse, a la larga enferman al individuo o reducen con mucho su calidad vital y humana. Son la manifestación del dolor interior.

No solemos ver estas interrelaciones porque no entendemos el lenguaje del cuerpo, lo que significan las tensiones corporales, la forma de respirar, la simbología del dolor en una u otra zona, las sensaciones, o la aparición de pensamientos que nos producen ciertas emociones. Además, los síntomas no aparecen muchas veces en el momento de una crisis aguda sino más tarde.

La visión holística del ser humano se está imponiendo en la actualidad. De ello dan muestras, por ejemplo, algunos estudios sobre el cáncer o la comprensión de la simbología de las enfermedades.[2]

AMOR, CIENCIA Y ESPIRITUALIDAD

Poco se ha ocupado la ciencia occidental del tema del amor, poco hay de ello en los manuales de psicología y de sexología, quizás porque el amor no puede ser analizado en un laboratorio y, por lo tanto, desde determinados presupuestos su conocimiento no correspondía al saber científico.

Históricamente han sido en buena parte los poetas y poetisas, y el campo de la mística, quienes posiblemente se han ocupado más de este tema; han hablado de la faceta espiritual que despierta, del gozo, de la tristeza y el dolor por la ausencia, del deseo sexual, del amor a la divinidad, a los seres de la naturaleza, el amor filial, al amigo, a la amada...

Las tradiciones orientales relacionan el amor con la sexualidad, con el cuerpo, la regulación energética, con la energía cósmica, con la divinidad o la trascendencia...

En la filosofia tántrica la experiencia amorosa/sexual humana se comparte con la experiencia amorosa divina a través de la unión (fusión) sexual.

Algunas prácticas taoístas incluyen la sonrisa interior como una forma de darse amor a sí mismo/a y de autocuración:
"En la antigua China, los maestros taoístas ya conocían el poder de la energía de la sonrisa. Practicaban la sonrisa interior, para mover la energía chi y producir un alto nivel de ésta, y obtenían como resultado salud, felicidad y longevidad. Sonreírse a sí mismo es como dejarse acariciar por el amor, y el amor puede curar y rejuvenecer."[3]

En otras tradiciones se habla de los chakras. El amor se localizaría en el chakra del corazón y se experimenta con la apertura de este chakra.[4]

AMOR UNIVERSAL, AMOR PARTICULAR

El amor es una vivencia universal, existencial que se experimenta como algo trascendente. Puede ser como algo que nos invade y que trasciende los límites de lo concreto y parece ponernos en comunicación con el cosmos.

Sin embargo, ese sentimiento amoroso toma formas concretas cuando se materializa en una relación dual, en un vínculo amoroso o más concretamente, en torno al amor y la relación de pareja. Se podría hablar aquí del *amor particular.* Esas formas en que se expresa el sentimiento amoroso varían de unas sociedades a otras y según los diferentes períodos históricos. No se expresan las manifestaciones amorosas igual en España que en Nepal, o en Mali. Tampoco es igual la España de ahora que la de hace un siglo.

Hace algún tiempo tuve una conversación respecto de

este tema con un isleño guineano. Este hombre de una gran sensibilidad me hablaba de la emoción profunda que sentía cuando contemplaba un árbol, el movimiento de sus hojas, la transformación de los colores con los cambios de las estaciones... Me describía poéticamente la emoción que experimentaba frente a cada uno de los pequeños movimientos que realizaba un pájaro posado en una rama, la caída de la lluvia, el sonido de un instrumento musical durante la noche, el despertar de la isla, los niños y las niñas jugando en la playa.

«–Y el amor a una mujer ¿cómo lo sientes?–le pregunté.

«–El amor a una mujer –respondió– no es diferente al resto de las cosas que se pueden contemplar, gozar, admirar, en el universo.

Cuando veo a una mujer, ésta me puede gustar por su mirada, por su sonrisa, por cómo camina, sus nalgas, su voz... Pero no es sólo su cuerpo lo que veo, lo que me emociona y contemplo. A través de toda ella veo su espíritu, cómo es ella, al igual que lo veo en un árbol o un pájaro.

Le pido estar con ella. Y en la relación sexual me siento como si estuviera con una diosa, como si ella fuera el mar con sus olas. Y me siento impresionado... Pero esa emoción y admiración forma parte de lo que siento por las cosas que me rodean. No entiendo el amor a una mujer como algo diferente, como se entiende en Europa.»

AMOR Y SOCIEDAD

Existen sociedades en donde la palabra "amor" tal y como se conoce en la sociedad occidental es desconocida. No existe en su vocabulario. No es que las personas de esas sociedades no amen, sino que no entienden nuestro concepto porque su cultura y su estructura social, sus valores, su visión del mundo es diferente. *Es decir, existe un sentimiento de amor universal, existencial, que se experimenta en todos los seres humanos, pero existen formas muy diferentes en torno al sentimiento que se experimenta en el vínculo amoroso concreto y en cómo éste se estructura socialmente.*

La estructura social y las relaciones entre las personas, y con el mundo y el universo, pueden suponer formas muy específicas de vivir la emoción amorosa y de relacionarse entre las personas y entre los sexos.

Además, la forma en que los individuos de una sociedad se vinculan afectivamente es una clave para entender la estructura social; o dicho de otra forma: cada sociedad también educa afectivamente a sus miembros para que reproduzcan o mantengan el orden social establecido.

En nuestra sociedad se nos dice que lo "normal" es que nos comportemos, sintamos o nos relacionemos de tal o cual forma en cuanto a una posible pareja. *Lo que se llama "el amor" –base en nuestra sociedad de la estructura de pareja– es una clave importantísima para entender cómo, en relación a ese sentimiento y a su vínculo, se pueden crear procesos de opresión o de libertad, cómo nos hacemos o nos dejamos hacer "trampas", o cómo –por el contrario– nos hacemos más personas.*

Pero ¿qué entendemos por amor, lo que llamamos enamoramiento, lo que acontece después de él, la pasión, lo cotidiano?

En la adolescencia, el amor se identifica con enamoramiento, con la seducción y las vivencias que conlleva. Es lo que sueñan que les ocurrirá algún día, o es la identificación con las vivencias que fugazmente van teniendo. La gente adulta que ha podido tener también otras experiencias y un vínculo –o vínculos– de pareja, puede identificar el amor con el enamoramiento que vivieron hace años, o alguna vez en su vida, o con un sentimiento que consideran más profundo, o con lo cotidiano, o incluso pueden considerar que puede implicar, a la larga, el aburrimiento.

Es difícil hablar del amor, porque el amor, más que hablarlo, hay que vivirlo.

El amor es un conjunto de vivencias, un proceso que puede ser vivido con mayor o menor duración, con mayor o menor intensidad, en el que se interrelacionan y activan las emociones, el pensar, el sentir y el actuar del ser humano. Proceso que se transforma continuamente, con fluctuaciones, con movimiento –al igual que todo en esta vida–, que implica lo que llamamos enamoramiento y la posibilidad de vivir el éxtasis, el placer intenso, el bienestar, el desasosiego, el duelo, la experiencia de muerte, la tranquilidad, el erotismo, la suavidad, la pasión, la serenidad, el equilibrio, la paz...

El sentimiento amoroso es un sentimiento reconocible, al igual que podemos reconocer nuestra agresividad, alegría, miedo, tristeza –emociones que aparecen también en el proceso amoroso–, pero es un proceso en el cual intervienen muchos elementos como la fusión, la separación o ruptura, la seducción, el enamoramiento, la idealización y el contacto con los límites y la realidad, la elección de la pareja, la estructura de pareja y dinámica de la misma, las crisis, los duelos, el desamor, la creatividad, la muerte, los cambios, la sexualidad...

Saber situar el amor en nuestra vida y saber situarnos en el amor requiere un trabajo de crecimiento personal para no confundir el amor con otras cosas: la posesión, la opresión, la anulación, etc. Desarrollar en el día a día el arte de amar es *entender el amor como un arte*: el arte de compartir, de la armonía, de la creación.

Este libro está escrito con el deseo de clarificar, desde mi experiencia clínica y didáctica, algunos de esos elementos que entran a formar parte de lo que llamamos amor o vínculo amoroso, reflexionar sobre ellos y hacerlos conscientes. Ello nos permitirá comprender mejor nuestras vivencias, actitudes, creencias y comportamientos, y sentir también que somos en parte un producto social, como en parte responsables de esos vínculos porque tenemos capacidad de amar y crear, y también de transformar: de decir adiós cuando una relación no nos ayuda a crecer como personas o cuando sufrimos una pérdida.

En la dinámica interna de cómo nos situamos y estructuramos en el vínculo hay mucho de nosotros/as mismos/as, de cómo vivimos el amor. Muchos aspectos del cómo aprendimos a amar nos hacen daño. Cada cual ha de aprender, por tanto, a reconocerlos. Reconocerlos y cambiarlos lleva su tiempo. Pero vale la pena arriesgarse.

El libro ha sido concebido como material para trabajos de profesionales de la salud y la educación. También está pensado para que cualquier persona que esté interesada en su propio desarrollo encuentre en estas páginas un pequeño camino de autoconocimiento para iniciar cambios en el área afectiva y relacional.

No obstante, resulta difícil analizar diferentes aspectos del amor aisladamente en cada capítulo porque están interrelacionados, pero he considerado que de esta forma resultaría más pedagógica su comprensión.

En el diseño de los capítulos se intercalan ejercicios para realizar, y preguntas para que cada cual establezca un diálogo interior y vaya profundizando en su autoconocimiento. Las preguntas son susceptibles de estructurarse como un ejercicio de meditación o introspectivo en un ámbito terapéutico. Recomendaría hacer una primera lectura del libro con las reflexiones y ejercicios correspondientes para releerlo de nuevo integrando el conjunto de conceptos.

2. LA SEDUCCIÓN

El amor empieza con la seducción: algo o alguien nos seduce. Amar a alguien implica estar seducida/o por esa persona.

Cuando hace años hablaba de la seducción en los grupos de mujeres, siempre aparecía alguien que decía: "Yo no soy seductora". ¿Por qué ese miedo a reconocer la propia seducción?

En nuestra sociedad la seducción ha venido considerándose como algo engañoso, malvado, manipulador —¿la imagen de Eva seduciendo a Adán para que comiera una manzana?—, algo que se hace para conseguir poder, dinero, sexo...

La seducción aparece con una marcada ambivalencia: de deseo y de miedo; de deseo por lo que se supone que puede aportar como beneficio, y de miedo a no seducir suficientemente para conseguirlo.

Posiblemente el "no soy seductora" de muchas mujeres encubre un doble temor; es como decir:

a) "No soy una mujer engañosa, manipuladora" (una *"mala mujer"*); o
b) "No consigo atraer" (sentimiento de *autodepreciación,* baja autoestima frente a las otras mujeres que se suponen de-

seables. (Apunto aquí un debate interesante a tratar en torno a las relaciones entre mujeres y algunos de los conflictos que pueden surgir.)

En cuanto a los hombres, si bien para quienes no consideran su capacidad de seducción puede querer decir lo mismo, lo bien cierto es que tradicionalmente la seducción se ha considerado cosa de mujeres, por lo que los varones se sentían como ajenos o sujetos pasivos inmersos en las redes de la mujer seductora.

La seducción cabe considerarla como el conjunto de expresiones y manifestaciones de una persona, sus aspectos psicofísicos y comportamentales, *particulares,* que emanan de su manera de ser que evidentemente tienen que ver con su historia y trayectoria vital, y que producen, en su conjunto o en algunos de sus aspectos, atracción de algunas personas frente a ella. La seducción se produce tanto para quien seduce como para quien es seducido/a, muchas veces de forma inconsciente e involuntaria, pero también puede mostrarse como una *búsqueda intencionada de atracción erótica, amorosa, amistosa...; sería el para qué se seduce* que, en algunos casos –de ahí quizás el miedo– puede ser utilizado por personas que habitualmente se estructuran en relaciones de dominio-sumisión, como una instrumentalización de la relación de poder. En principio, la seducción nada tiene que ver con la manipulación, sino simplemente con una corriente de atracción que se genera en uno o dos sentidos.

LA SEDUCCIÓN COMO EXPRESIÓN, O NUESTRAS MANIFESTACIONES SEDUCTORAS

Todas las personas somos seductoras. Deseamos gustar a los demás, ser queridos/as, ser reconocidas/os, como personas en diferentes ámbitos de nuestra vida. Deseamos ser valoradas como madre, padre, profesional, hijo, amiga, amante, etc. Es decir, quisiéramos poder seducir, seducimos y nos sentimos seducidas/os.

Para seducir hacemos gestos, decimos cosas, nos comportamos de tal o cual forma –chistosos, prepotentes, sumisas, habladores, callados...–, que son seductores para algunas personas y no lo son para otras. *No es posible seducir a todo el mundo.*

¿CÓMO SEDUCES?

Ejercicio:

Reflexiona sobre cómo tratas de seducir. Colócate frente a un espejo. Imagínate que estás frente a alguien que, por las razones que sea, te interesa. Fíjate cómo miras, cómo escuchas, cómo respiras, cómo colocas el cuerpo... Puedes hacer sonidos simulando que hablas pero sin hablar. Escucha el tono de tu voz, la cadencia, la intensidad... cuando hablas, o cuando escuchas...

Puedes imaginarte frente a distintas personas de tu vida del presente, o del pasado, o incluso imaginarte personas desconocidas.

Explora qué sientes, cómo sientes cada gesto que habitualmente haces. Incluso puedes explorar otros nuevos, aquéllos que no sueles hacer.

Algunas personas se sienten confusas en su vida, en sus deseos, en su identidad, porque están tan preocupadas por gustar a los demás, por cumplir sus expectativas, que pierden el contacto con su centro, con ellas mismas. No se puede gustar a todos: al padre, a la madre, a los/as hijos/as, a la compañera, al amigo... en todos nuestros comportamientos o puntos de vista. Tampoco es posible que gustemos a nuestra pareja en todas nuestras facetas, en todos nuestros actos, en todas nuestras opiniones.. Esto es una realidad, y su aceptación prepara para –y supone– una mayor madurez personal.

Siempre hay personas a quienes les agradaremos y para otras seremos física, emocional, ideológica o energéticamente rechazables o anodinas; aunque ello nos frustre.

La seducción es lo que hacemos –consciente o inconscientemente– como una búsqueda de reconocimiento y valoración por parte de los demás. Es una llamada de atención al otro o la otra. Si los observas, hasta los bebés intentan ser seductores. Se ríen, hacen "gracias". Eso se mantiene en todas las edades, en la adolescencia, la edad adulta. A veces nos comportamos como buenos, cariñosas, estudiosas, responsables, valientes, etc., imaginando que así se nos querrá, admirará; o incluso groseros, fastidiosas, rebeldes, como otra manera de atraer la atención. Esto ocurre a lo largo de la vida y resulta muy llamativo en la adolescencia. En la sociedad occidental –desprovista de los ritos de iniciación de otras culturas– aparece el fenómeno que podríamos llamar el "síndrome adolescente". Hay una búsqueda de reconocimiento social e identidad personal, expresado de mil formas distintas, como la ropa, los símbolos, el lenguaje, las actitudes de negatividad frente al mundo adulto, etc., –al margen de otras actitudes que caracterizan, igualmente, su deseo de expansión, creatividad y afecto–. Frecuentemente esas formas resultan seductoras en el mundo de sus iguales, pero no en el adulto, que responde con hostilidad o defendiéndose frente a la hostilidad o crítica adolescente, aunque como forma de comunicación quedan ambos atrapados psicológicamente ante la imposibilidad de saber comunicarse de otra forma. ¿Cuántas veces no hemos visto personas adultas que tratan de seducir paradójicamente "castigando", rechazando a quien desean, como una forma de seducción, de llamar la atención aprendida en edades más tempranas?

Seducimos también no sólo por el hacer sino por nuestro estar, nuestra forma de situarnos frente al mundo, frente a las circunstancias, frente a la vida.

El deseo de seducir no siempre se dirige hacia alguien real. Puede estar dirigido al *reconocimiento social* o incluso a alguien fantaseado.

Cuando yo era adolescente, las chicas, sobre todo las que no alternábamos mucho con chicos, nos enamorábamos de artistas de cine. Recuerdo mis amores, verdaderas historias en las que participaba como protagonista y dotaba al enamorado de turno –en aquella época artistas norteamericanos– de todas las virtudes y perfecciones que podía imaginarme con la esperanza de que algún día nos encontraríamos y aquello se haría realidad.

Buena parte de la seducción es inconsciente: hemos aprendido a comportarnos de determinada forma en base a fantasías amorosas, a identificaciones con héroes o heroínas de nuestra infancia; en última instancia reproducimos guiones de vida, personajes... (ver capítulo 5: Fantasías amorosas, primeros vínculos y proyecto de vida). En la medida en que no somos conscientes de por qué actuamos o nos situamos de tal o cual forma ante las cosas, nos consideramos ajenos/as a lo que nos ocurre, a las atracciones o rechazos que despertamos y en qué medida podríamos cambiar aquello que no va bien en nuestra vida.

Hacer consciente nuestra seducción significa apropiarnos de nosotros/as mismos/as, aceptarnos con nuestras expresiones como parte de nuestras vivencias, de nuestras emociones, o cambiar aquéllas que puedan crearnos problemas en la comunicación o son automatismos adquiridos que no nos pertenecen. Es saber lo que hacemos y por qué lo hacemos, saber que somos lo que queremos ser, decimos lo que queremos decir a través de todo el cuerpo. Partiendo de nuestra conciencia, de nuestro centramiento, no gustaremos a todo el mundo, pero sí a nosotros mismos/as. Estamos continuamente en un proceso de cambio y desarrollo, pero en líneas generales, *hemos de sentirnos seducidas también* por nuestra vida, por nuestra forma de situarnos frente a los demás; lo que no nos seduzca, lo que no nos guste, ir cambiándolo. De otra forma ¿cómo podríamos convivir con alguien de quien no estamos seducidas/os? ¿Cómo podríamos convivir con nosotros/ as mismos/as todos los días?

FACTORES DE LA SEDUCCIÓN

¿Qué es lo que nos atrae de la otra persona?

> • ¿QUÉ TE ATRAE DE TUS AMIGOS Y AMIGAS? PIENSA EN CADA UNO DE ELLOS DIFERENCIÁNDOLOS
> • ¿QUÉ TE HA ATRAÍDO DE TUS PAREJAS AMOROSAS? PIENSA EN CADA UNA DE ELLAS SI HAS TENIDO VARIAS
> • ¿QUÉ TE ATRAE DE LA PERSONA QUE AMAS ACTUALMENTE?

Reflexiona sobre ello y escríbelo brevemente en un papel

<u>Ejercicio (para grupos):</u>

Por parejas habláis durante unos diez minutos. No importa el tema, ni tampoco hay inversión de roles. Realizáis una conversación normal entre dos personas (preferentemente que no se conozcan).

Después cerráis los ojos y cada cual reflexionará sobre: 1) qué me ha atraído de esa persona, 2) qué no me ha gustado o me ha desagradado, 3) de qué forma he intentado seducirle, serle atractivo/a.

Repetir el ejercicio con dos parejas más.

Así vas a ir reconociendo qué aspectos de las personas pueden seducirte, atraerte, tanto verbales, como corporales, de personalidad, energéticos, cómo te imaginas que son esas personas... para ir descubriendo cómo los elementos que te seducen también forman parte de tu psicoerotismo.

En el estudio de este tema he aglutinado cinco factores que me parecen importantes para entender el lenguaje y el proceso de seducción:

1. El lenguaje corporal
2. El lenguaje verbal
3. Las características de personalidad
4. Las fantasías eróticas
5. El factor energético, la "vibración"...

1. El lenguaje corporal

Imaginemos a alguien que está sentado en unos jardines, o en la terraza de un bar, o que vemos la foto de una perso-

na desconocida. Su imagen puede resultarnos inmediatamente agradable, desagradable o quizás neutra.

Sin apenas darnos cuenta percibimos su estructura corporal, su rostro, la proporción de sus facciones, la tonicidad de sus músculos, la textura o coloración de su piel, su mirada, su boca, sus manos, sus senos, su pelo... Cualquiera de esas partes de un cuerpo "estático" o la globalidad del mismo puede atraernos o distanciarnos. ¿Por qué?

> ¿QUÉ ES LO QUE NOS ATRAE DE ESA BOCA, ESE COLOR DE PIEL, ESE CUERPO?

Fijémonos también en los *adornos,* que son algo así como si fueran una segunda piel, a través de los cuales también se intenta trasmitir algo: la vestimenta, los colores que utiliza, el peinado, y detalles (gafas, barba).

A partir de esa imagen que recibimos imaginamos, fantaseamos dando connotaciones a cada uno de los elementos que constituyen un estereotipo. Es decir, ya en el físico de un *cuerpo estático* —una foto, por ejemplo— existen determinados elementos que seducen —o no— al observador. De eso saben bien quienes son profesionales de la imagen o quienes viven de ella, asesorando. Por eso hay quienes la modifican esperando seducir más: varian su nariz, su corte de pelo, hacen dietas de adelgazamiento, o gimnasia para aumentar lo que consideran esbeltez.

Pero es sobre todo el *cuerpo dinámico,* es decir *en movimiento,* el que nos seduce. No son sólo sus ojos, sino cómo mira; no es sólo su boca sino cómo gesticula, cómo sonríe,

cómo habla, su tono de voz, su ritmo; no son sólo sus piernas, sino cómo las coloca, cómo camina... Esto explica que
a veces podamos sentirnos seducidas/os por alguien cuyo en-
canto se rompe cuando ese cuerpo se pone en movimiento, al
oírle hablar, moverse o constatar su rigidez muscular.

El lenguaje del cuerpo está muy relacionado con el mundo inconsciente, con las emociones, fantasías e historia personal. A través de las expresiones corporales emitimos *mensajes,* a veces voluntarios y conscientes (vg.: "trato de
sonreírte de tal manera para que te des cuenta de que me
gustas"). Pero la mayor parte de las veces lo hacemos de forma involuntaria e inconsciente. Estos mensajes son a la vez
captados por el otro o la otra, estableciéndose así un diálogo
corporal, de inconsciente a inconsciente.

Muchos de los gestos que hacemos están "normalizados"
porque se utilizan frecuentemente en situaciones de nuestra
vida, en nuestra cultura y nuestra sociedad, y son comprensi-
bles. Pero, sin embargo, no siempre nuestros gestos y los
mensajes son fáciles de comprender. Hay que entender los
códigos.

Cada cultura y cada sociedad tiene sus códigos, sus formas de seducción y, en especial, sus rituales de seducción
amorosa. Tienen significados diferentes las distintas formas
de peinarse, vestirse, pintarse, o la estructura corporal. No se
valora eróticamente igual la obesidad o la delgadez, la exa-
geración de las formas sexuales o la ocultación de aquéllas.
Existen asimismo muchas formas de acercamiento.

En cada sociedad hay *variaciones entre los grupos* subcul-
turales femenino y masculino (las mujeres utilizan un lenguaje de la seducción diferente a los varones). También las hay
entre las diferentes clases sociales, en los acercamientos hete-

rosexuales y homosexuales/lesbianas, en los medios rurales o urbanos o en las distintas etapas evolutivas. Y finalmente, aunque haya ciertas formas comunes de seducir dentro de una misma cultura, sociedad y grupo subcultural, existen *variaciones individuales*. Cada individuo, por su historia, por sus valores, mensajes interiorizados, asociaciones que ha aprendido, etc., tiene códigos y formas expresivas particulares, que quizás resultan incomprensibles a menos que se repitan con frecuencia o se verbalicen. Por ejemplo, puede haber personas para quienes resulte más comprometido un beso en la boca que una relación genital, aunque para la mayoría de la gente pueda ser al revés.

Los movimientos del cuerpo expresan emociones. Las posibilidades expresivas psicocorporales son muy amplias. La alegría, el miedo, la tristeza, la cólera, se traducen en que cada parte del cuerpo o la totalidad del mismo puede mostrarse:

– *abierta o cerrada* a la comunicación (en relación a sí mismo, al otro/la otra, o el exterior).

– en actitud *receptiva o propulsiva* (tiende a recibir, a captar, a interiorizar o, por el contrario, a dar, a ir hacia el exterior).

– puede mostrar *actividad o pasividad* (hay movimientos que indican que el individuo desea estar activo, hacer cosas; mientras que otros movimientos o gestos indican un mayor deseo de no hacer, de estar, de ralentizar las cosas).

– o se mueve con *lentitud o rapidez*.

Todos estos movimientos del cuerpo –que en su día trabajé con la psicoterapeuta y sexóloga Monique Fradot– producen toda una combinación de posibilidades: partes del cuerpo que se abren mientras que otras se cierran, ojos que expresan tristeza mientras la boca expresa alegría... Toda una comunicación de inconsciente a inconsciente entre quien habla y quien escucha, entre quien seduce y quien es seducido o seducida. En ocasiones ese lenguaje del cuerpo resulta claro y comprensible y otras, sobre todo si quien lo emite se siente confundido/a, puede ser causa de incomunicación o de desencuentro.

En la medida en que entendiéramos la interrelación entre expresiones de nuestro cuerpo y nuestro mundo emocional posiblemente comprenderíamos qué estamos diciendo y asumiríamos nuestra parte de responsabilidad en la comunicación y devolveríamos al otro/a la suya.

Asimismo ello nos ayudaría a entender a otras personas. Por el contrario, el desconocimiento de lo que queremos decir, así como la escisión que se produce entre nuestro mundo emocional y mental y la expresión de nuestro cuerpo, dificultan la comunicación.

2. El lenguaje verbal

Otro elemento importante de la seducción es el lenguaje verbal: qué se dice y cómo se dice, el contenido y la forma.

El lenguaje está muy conectado con nuestras emociones inconscientes, y así se nos "escapan" frases, tonos cargados de afectividad de los que apenas nos damos cuenta, que no controlamos con nuestra razón y que tienen que ver con nuestros sentimientos. En medios como la radio, la prensa o los libros, en donde no se ve la cara ni el gesto de quienes hablan, un factor básico de seducción es la palabra, la voz. A través de ellos lloramos, nos entristecemos, alegramos, enfadamos, exaltamos o erotizamos... Los contenidos verbales implican también contenidos ideológicos y actitudinales que asimismo pueden seducirnos o no, depende de si compartimos esa ideología, o cómo nos identificamos con esas emociones.

Con el lenguaje verbal, al igual que con el corporal, emitimos mensajes que pueden ser coherentes o incoherentes, que favorecen o dificultan la comunicación y, por lo tanto, la seducción y la aproximación.

Un mensaje coherente es aquél que se muestra claro y unificado a través de todo el cuerpo –cuando está presente– y a través de la palabra. Pero a veces nuestros sentimientos son confusos, no se sabe lo que se quiere, o bien se desea algo y a la vez se tiene miedo. Se generan así dos tipos de movimientos: uno, de abrir (el deseo), y otro, de cerrar (el miedo). O bien se dice una cosa con el cuerpo y otra diferente y contradictoria con la palabra. En estos casos enviamos mensajes confusos, contradictorios, incoherentes, que pueden confundir tanto a la propia persona que los emite como a quien los recibe:

No roces mi falda.
No abras mis oidos
con el susurro de tu voz.
No dejes
que te vea.
Mi cuerpo
va hacia ti
como el pájaro
atraído
por la luz
de la mañana.

Un rayo,
apenas un rayo
que apunta el sol
rompe la noche.
Un roce,
un suave roce
desploma una montaña.

ISABEL

Uno de los rituales de seducción que se enseñó tradicionalmente a las mujeres durante muchos años partía de la idea de que para poder seducir a quien te interesaba había que mostrar desinterés o incluso rechazar, decir que no. De esa forma el varón no consideraría a la mujer una "mujer fácil" y tomaría a su vez mayor interés. Ésta era una práctica ritualizada, conocida tanto por mujeres como por varones que participaban de ese supuesto juego erótico de seducción. Un juego erótico ritualizado es tal cuando es entendido así por ambas partes como formando parte de la seducción. También en *juegos eróticos* de pareja, el juego de la seducción "sí pero no", "no pero sí" –el juego de la ambigüedad– tiene un sentido como juego, en donde ambas personas desarrollan un aspecto lúdico y se trata de un juego de roles. La diferencia con el ritual tradicional que he citado es que en aquel caso se trataba de una búsqueda de aproximación antes de constituirse una pareja o antes de la expresión mutua del deseo: existe inquietud y tensión en el proceso hasta la seguridad de la aceptación mutua. En los juegos eróticos de pareja no existe esa inquietud, dado que previamente existe la seguridad de la seducción y aceptación compartida. Bien distinto es cuando esto se lleva a la vida cotidiana –fuera de estos juegos consensuados– en las relaciones interpersonales por incapacidad de expresar emociones o aceptar las ajenas. Hemos de poder decir sí cuando queremos decir que sí, y no cuando queremos decir que no, y recíprocamente aceptar como válido lo que la otra persona nos dice. De lo contrario, el peligro de esos dobles mensajes pueden suponer una gran confusión y dar lugar, cuando no forman parte de un juego, a situaciones de poder o actitudes sadomasoquistas. Hay situaciones de violencia que se generan bajo el supuesto de que cuando nos dicen que no, creemos que nos quieren decir que sí.

> • ¿CÓMO SON TUS MENSAJES EN LA APROXI-
> MACIÓN A LAS PERSONAS QUE TE GUSTAN?
> • ¿CONSIDERAS QUE ERES CLARO/A? ¿TUS
> MENSAJES SON COHERENTES?
> • ¿RECUERDAS ALGUNA SITUACIÓN EN TU
> VIDA EN QUE SE HAYAN DADO MENSAJES CON-
> TRADICTORIOS O CONFUSOS POR ALGUNA DE
> LAS DOS PARTES?

Algunas veces los mensajes confusos o contradictorios —deseo y miedo— de apertura y cierre, de acercamiento y alejamiento, son la expresión de dos grandes miedos: el miedo al no y el miedo al sí.

a) El miedo al rechazo

Cuando alguien nos gusta intentamos seducirle,tratamos de que se fije en nosotras/os, serle atractivo/a. Pero ¿qué pasa cuando no existe una correspondencia y esa persona nos hace saber —verbal o corporalmente— que "no"? No se siente atraido/a eróticamente —si es eso lo que pretendíamos—, no le gustamos, no le interesamos, o no está disponible para la relación que desearíamos.

> ¿QUÉ HAS SENTIDO CUANDO HAS PERCIBIDO
> QUE LA PERSONA A LA QUE DESEABAS ACER-
> CARTE NO ACEPTA ESE ACERCAMIENTO?

Muchas personas tienen una enorme *dificultad para decir "no" a lo que no desean, o a quien "no" desean, o para recibir un "no" del otro o la otra.*

La dificultad de decir "no" reside frecuentemente en el propio miedo al rechazo.

b) El miedo a la aceptación

¿Quién diría que tiene miedo a ser correspondido/a en su deseo? Aunque parece paradójico, éste es otro de los miedos. Hay quien muestra decisión en la búsqueda del acercamiento, del contacto y de la aceptación, y cuando la otra persona está disponible y también desea, se asusta. Es como si no supiera qué hacer con el "sí". Le aparece el miedo a su propio deseo o el de cómo continuar la relación una vez la seducción se ha dado.

3. Fantasías

Una persona es morena, pelo liso, corto, su tono de voz es..., va vestida de tal forma, gesticula de tal manera, dice... A partir de ahí podemos fantasear que es una persona tierna, o fuerte, o tradicional, o intelectual, o que tendrá tales o cuales características de personalidad, comportamentales, eróticas, hábitos, actitudes, etc. A partir de nuestras experiencias, creencias, valores... *imaginamos* que una persona puede ser o es de tal o cual forma.

> ¿CÓMO FANTASEASTE QUE ERA LA PERSONA A
> LA QUE AMAS ACTUALMENTE –O LA ÚLTIMA
> QUE AMASTE– CUANDO LA CONOCISTE?

Y a la inversa. *Hay todo un mundo de fantasías detrás de nuestra manera de seducir* y que son una consecuencia de éstas. Hay quien se acerca como tímido, muy sexualizada (deseante u objeto de deseo), intelectual, apasionada, compulsivo... según se percibe, y supone que quien está enfrente lo percibe así.

> ¿CÓMO CREES QUE TE ACERCAS A LAS PERSO-
> NAS QUE TE ATRAEN? ¿CÓMO TE PERCIBES?

A veces podemos quedar seducidas/os por nuestra propia fantasía. Al imaginar cómo es la persona que tenemos enfrente la convertimos en real –"es así"–y actuamos como si fuera esa la realidad. Podemos ver esto respecto a actores u actrices: fácilmente los confundimos con sus personajes.

Las fantasías son muy importantes en la fase de enamoramiento que se da al principio de un proceso amoroso, hasta que poco a poco van reajustándose para dar lugar a una mayor visión de la realidad.

Hay quienes, no obstante, no desean conocer la realidad sino continuar enamorados de la propia fantasía. El poeta Ibn Arabí habla de un estado del amor que llama "el amor del amor". Consiste en "preocuparse por el amor hasta el punto de olvidarse de la persona amada". Qays –dice– llamaba a gritos: "¡Layla! ¡Layla!". Él cogió hielo y se lo puso encima de su corazón ardiente, que lo derritió. Layla, al verlo en este estado, lo saludó diciendo: "Yo soy la que reclamas, yo soy la que deseas, yo soy tu amada, yo soy el reposo de tu ser, soy Layla". Pero Qays, volviéndose hacia ella, exclamó: "¡Márchate de mi presencia, pues el amor que te tengo me solicita tanto que no te puedo atender!".[5]

4. Las características de personalidad

Otro de los aspectos que atraen o alejan son lo que se considera características de personalidad: cómo es la persona, qué rasgos son más destacables en ella, cuáles son sus patrones de comportamiento, sus creencias, sus valores, sus actitudes, etc. Cada individuo –decimos– se comporta de acuerdo a su personalidad. Y de nuevo... hay personalidades que nos atraen, otras que no. Cuando consideramos que una persona es simpática, bondadosa, inteligente, ocurrente, tranquila, espiritual, juguetona, trabajadora, honrada, sensata..., algo *nuestro* se abre a esa persona, o se cierra si eso no nos gusta. Pero ¿es realmente así o es lo que creemos que es, lo que fantaseamos que es? ¿Qué aspectos nuestros están interactuando? En la atracción que sentimos ante determinadas personalidades o características de personalidad también se evidencia algo nuestro, algo resuena con un significado particular.

> • ¿QUÉ ESTOY BUSCANDO EN ELLO? ¿QUIZÁS QUE EL OTRO/LA OTRA SEA COMO YO SOY?
> • ¿QUIZÁS QUE TENGA AQUELLOS ASPECTOS DE LOS QUE YO ADOLEZCO?

En los grupos de Crecimiento erótico y desarrollo personal (CE y DP)[6] (nivel I) que realizo, se estructuran ejercicios corporales en donde podemos ver la relación que existe entre el movimiento del cuerpo que aparece en la seducción y la psicodinámica interna: se toma conciencia de qué es lo que se siente ante cada movimiento, qué es lo que se permite, lo que no y por qué. Cada expresión es como si correspondiera a un personaje que tiene una cosmovisión, unos valores... Hay personas que se perciben de una forma, podríamos decir, única, monocorde. Se presentan en su forma de seducir como niñas, o como intelectuales, o como serios o atletas, o "sexys", etc., y todos sus gestos son acordes a ese personaje que creen ser. Es la imagen que dan al exterior o de la manera que desean ser percibidos/as.

En algunos momentos de nuestra vida armonizamos con este personaje que identificamos como nuestra personalidad pero a veces llega a convertirse en una coraza de hierro de la cual no podemos deshacernos por más que queramos. Nos hemos identificado tanto con el personaje, que nos hemos confundido con él. Por eso nos lamentamos de no poder, no atrevernos o no saber expresar otros aspectos nuestros. Éste puede ser uno de los motivos por los que se acude a un curso de CE y DP: no nos permitimos expresar nuestros aspectos lúdicos, nuestras expresiones eróticas, y en general no conocemos el lenguaje de nuestro cuerpo.

Más problemático es cuando la persona, además de mostrarse de una única manera, no se da cuenta de los mensajes que está emitiendo y que pueden ser distintos a los que desearía dar. Voy a poner dos ejemplos bastante típicos:

A) Una mujer vino a mi consulta. Tenía malas relaciones con los hombres. Deseaba tener amigos, pero cuando salía con algún hombre parecía que éstos sólo querían irse con ella a la cama. Esto le molestaba y no gozaba sexualmente.

Su demanda era doble: por una parte poder tener amigos masculinos con los que hablar, pasear o mirar una puesta de sol, y por otra poder gozar sexualmente. Pero ¿qué es lo que hacía ella cuando explorábamos el lenguaje de la seducción, cuando simulaba un encuentro con otra persona? Sistemáticamente se manifestaba con un lenguaje corporal "sexy", decidida y abierta sexualmente, compulsiva... Aquél era el único mensaje que recibía de ella la otra persona y con el cual interactuaba. ¿Dónde estaba su faceta soñadora, romántica, o conversadora? No aparecían. Ella era completamente desconocedora del mensaje único que estaba dando, lo que pudo constatar gracias a la devolución que le hizo el grupo y a la visualización de sus imágenes a través del trabajo terapéutico con vídeo. Repetía sistemáticamente una serie de gestos automatizados, estereotipados, de lo que suponía esperaban de ella los hombres, pero sin realmente entrar en contacto con sus deseos profundos. Y en la comunicación sexual no mostraba su cólera rechazando la invitación sexual, sino impidiéndose el placer.

B) Un hombre acude a un grupo ante la insistente insatisfacción de su mujer. Él la quiere y no entiende lo que ella le demanda. En el trabajo grupal siempre se comporta como un hombre serio, sensato y muy racionalista, imagen de buen padre y esposo. El cuerpo es rígido e inexpresivo en la seducción. Tiene dificultad para el juego, para el abandono corporal o la creatividad. Eso es precisamente lo que su esposa argumentaba que adolecía en la comunicación; les era fácil comunicarse como padres pero no como amantes; faltaba la aventura, la complicidad, la "chispa" que diera paso a otro tipo de comunicación más íntima, lo que, por otra parte, él deseaba.

Hay un concepto –extraído de la Psicosíntesis de Assagioli– que me resulta muy útil para hacer referencia a este apartado: el concepto de subpersonalidades.

*"Nuestros variables modelos del universo matizan nues-
tras percepciones e influyen en nuestra forma de ser. Y para
cada uno de ellos tenemos una imagen característica y una
serie de posturas corporales y de gestos, sentimientos, comportamientos, palabras, hábitos y creencias. Toda esta cons-
telación de elementos constituye por sí misma un tipo de
personalidad en miniatura, o, tal y como lo llamaremos a
partir de ahora, una subpersonalidad.*

"Las subpersonalidades son satélites psicológicos que co-
existen como una multitud de vidas dentro del conjunto global de nuestra personalidad. Cada subpersonalidad tiene un
estilo y una motivación propia que a veces difiere de forma
sorprendente de las que tienen las demás".[7]

En relación a la seducción, aceptar nuestras diferentes
subpersonalidades implica poder manifestarlas. A su vez nos
sentimos globalmente seducidas/os por otra persona o parcialmente por algunos aspectos suyos, o, podríamos decir,
por alguna o algunas de sus subpersonalidades. No tenemos
una personalidad como algo único y compacto, tenemos
múltiples facetas, diversas subpersonalidades a través de las
cuales nos expresamos, seducimos o nos dejamos seducir.

5. El elemento energético

Un elemento decisivo en la seducción es algo tan simple
y tan complejo a la vez como lo que se podría llamar la
"energía"que emana la persona, la "chispa", la "vibración",
la "química" o el "magnetismo".

Hay personas cuyo físico, sus características de personalidad, su forma de pensar nos gustan, pero no nos dice nada
su "energía". No hay "química", y eso puede dar al traste
con la seducción o con el enamoramiento. Y ocurre también

a la inversa: no sabemos por qué nos atrae alguien con quien no tenemos ningún punto en común, ni nos gusta físicamente. Es similar a los polos de un imán cuando se atraen, se nota la fuerza interna que existe entre ambos. El factor energético al que me refiero es algo que se siente en el cuerpo, una señal de que existe deseo; pero no tanto tras una elaboración teórica de que nos encontramos bien en su compañía, sino una señal inexplicable, irracional, sensual, corporal, que puede poner al cuerpo en vibración, producir alteraciones de temperatura, sentir un deseo de contacto o de proximidad.

> ¿QUÉ SIENTES CORPORALMENTE CUANDO ESTÁS CON ESA PERSONA QUE TE GUSTA O QUE AMAS? PIENSA QUÉ ASPECTOS SUYOS TE ESTIMULAN

Esta energía que se siente y que también capta el otro o la otra cuando hay una seducción mutua con la que sintonizamos y vibramos, es la que tiene que ver con la aparición del deseo y puede notarse no sólo a través del contacto corporal sino también sin él, en la distancia.

Ese factor energético no es necesariamente estable. Si se mantiene, permite la continuidad de ese vínculo, pero asímismo puede desaparecer con la misma brusquedad que surgió.

LA SEDUCCIÓN Y EL VÍNCULO AMOROSO

La seducción es el primer paso para el acercamiento, tanto sea amistoso como sexual y amoroso. En cualquiera de estos procesos comunicativos la seducción actúa como:

– un factor *desencadenante*
– un factor que *mantiene* e incluso *incrementa* el vínculo
– lo que *finaliza* una relación amorosa.

Nos acercamos o sentimos atracción por personas que nos seducen de alguna manera. Por eso hay seducción en la amistad, en la relación sexual, en el enamoramiento o en el vínculo amoroso. Son diferentes formas de seducción, o se dan algunos o muchos de los elementos que intervienen en la seducción.

Este deseo de aproximación surge como algo interno nuestro a partir de sentirnos seducidas/os por la otra persona. Hay por lo tanto un movimiento; movimiento en el sentido de que algo aparece, algo se mueve en nuestro interior, algo que no existía y que ahora existe. Este movimiento se genera a partir de una combinación complementaria: deseo agradarte porque me agradas, lo que no presupone, necesariamente, que exista un fluido positivo en ambas direcciones. Las atracciones no siempre coinciden.

La seducción es el *desencadenante* del vínculo amoroso. Algo nos atrae de una persona –su sonrisa, su tranquilidad, su ternura, su vitalidad...– y aparece un impulso de acercamiento hacia ella. En la proximidad notamos nuestro cuerpo, una vibración interna y se vive placer.

¿Cómo estamos seducidos/as nos enamoramos? o ¿cómo estamos enamoradas nos encontramos seducidas/os? Lo bien cierto es que la seducción favorece el enamoramiento y en el enamoramiento hay una intensa seducción.

Quienes se aman se sienten seducidos/as mutuamente y, en la medida en que eso *se mantiene,* se va estructurando un vínculo.

El mantenimiento del vínculo amoroso depende, por lo

tanto, en buena medida de la seducción; no tanto de la seducción de los primeros días, de los primeros meses o encuentros, sino de la seducción cotidiana, del día a día. ¿Cuál es la diferencia entre la seducción de los primeros meses y la del periodo posterior, pasados algunos años?

> REFLEXIONA ACERCA DE ALGUNA RELACIÓN AMOROSA QUE HAS TENIDO ¿CÓMO TE COMPORTABAS PARA AGRADAR A LA OTRA PERSONA AL PRINCIPIO DE CONOCERLA? ¿CÓMO TE COMPORTABAS, POR EJEMPLO, CUATRO AÑOS DESPUÉS?

Cuando alguien nos gusta es tal el deseo de agradarle que sacamos espontáneamente todos nuestros mejores ropajes: nuestra mejor sonrisa, nuestra mayor capacidad de comprensión, nuestro mayor interés intelectual, tratamos de ser excelentes cocineros, hacendosas, mostrar gran vigor sexual, somos lúdicas, misteriosos, habilidosos, disponibles... Llevamos puesto –como suelo decir– "el traje de los domingos" o "el traje de fiesta". Esto supone un gasto de energía extra, un esfuerzo aunque no nos demos cuenta: el esfuerzo de estar permanentemente bien, con nuestra mejor imagen. También en la naturaleza podemos observar algo parecido: cuando los animales muestran sus mejores plumas, los más bellos colores, hermosos sonidos.

Todo eso que mostramos, evidentemente es nuestro, pero sólo es una parte nuestra, es parte de la realidad, pero no toda la realidad, porque la realidad es que a veces se nos caen las plumas, nos quedamos sin voz y nuestro color no es precisamente bonito, estamos demacradas u ojerosos. Y aceptar eso y a pesar de todo continuar mutuamente seducidos es lo que permite el mantenimiento del vínculo amoroso. A medida que avanza el tiempo y se consolidan la seducción y el vínculo amoroso, cada persona va como aflojándose y permitiéndose mostrar diferentes facetas suyas, las más atractivas y las menos, momentos de gran belleza y otros en donde estamos menos presentables, "el traje de fiesta "y "el de limpiar la casa". Es agotador estar siempre inmejorables; agotador e inhumano. Esa perfección no es posible.

La seducción del día a día va más allá de los momentos puntuales y extraordinarios, nos sentimos globalmente seducidas/os por el amado/a más allá de sus ojeras, más allá de que enferme o no esté en sus mejores momentos.

Cuando la persona a la que amábamos deja de seducirnos empieza *el final* de la relación amorosa. ¿Por qué deja de seducirnos?

> ¿POR QUÉ CONCLUÍSTE TUS RELACIONES AMO-
> ROSAS?

Unas veces, con el paso de los días, descubrimos que nuestra imagen de la persona tenía que ver más con nuestras fantasías que con la realidad. Pensábamos que era de una forma y es de otra. Lo que vemos en la realidad no nos gusta.

En otras, una –o ambas– evoluciona en un sentido muy diferente e incompatible con la otra. Puede haber, por ejemplo, un cambio de valores, y lo que antes nos seducía, ahora ya no nos seduce. Sea como fuere, se rompe la sintonía que hubo un tiempo antes.

Maribel Cobo 95

3. FUSIÓN Y SEPARACIÓN

Estos dos conceptos son, para mí, una de las claves explicativas y de comprensión del vínculo amoroso. A partir de ellos se entienden aspectos del enamoramiento, la pasión amorosa o el encuentro erótico y sexual. Estos conceptos, tal como los entiendo, están relacionados con el espacio personal (EP), la libertad, la confianza, la responsabilidad.

Fusión (F) y separación (S) son dos conceptos interrelacionados y complementarios que tienen que ver con cómo nos situamos y percibimos en las relaciones afectivas; son dos vivencias que se pueden experimentar puntualmente y también en secuencias temporales. No hay que confundir F con simbiosis, ni S con la ruptura en una relación.

F y S son dos experiencias incluyentes, cuyo desarrollo de una permite el surgimiento de la otra y viceversa.

La vivencia fusional –la que llamaré F– se experimenta a través de una sensación de unión que total o parcialmente borra los límites personales, produce una pérdida de identidad y disuelve el yo.

Está conectada con el pensamiento mágico, lo irracional, lo intuitivo e involuntario, e incluso la unión trascendental.

La vivencia de separación –la llamaré S– se experimenta como lo opuesto: total o parcialmente marca los límites, las diferencias, reafirma el sentido de identidad, de individualidad y el yo. Está en relación con el pensamiento racional, el control, lo voluntario y la diferenciación.

Ambas son experiencias de placer y de creatividad pero para ello han de poder ser vividas ambas de forma fluida y permeable. De lo contrario, cuando el individuo queda rígidamente fijado en una de ellas, pierden su sentido y se convierten en una fuente de dolor y de incomunicación afectiva y humana.

LA FUSIÓN

El sentimiento amoroso se caracteriza por el deseo de fusión, por la búsqueda del placer de la fusión, de unión total. (Ver ilustración pág. 59.)

La sensación de fusión es muy primitiva en el ser humano, y seguramente se halla asociada fundamentalmente a la relación con la madre durante el período prenatal. En él se tiene todo cuanto se necesita sin tener que pedir. Es un estado especial de placer, como de nirvana, de completud. Un *estado que a su vez esta implícito en un proceso.*

Los procesos duran un cierto tiempo e implican una transformación interna que dan lugar a un cambio. De ahí que esa sensación de bienestar como permanente se rompa para dar lugar al nacimiento, otro estado.

Con el nacimiento se produce una separación física. Pero el bebé todavía no tiene autonomía. Depende de alguien que lo alimente, desplace o cobije para que no muera de frío o de

hambre. En ese sentido, nuestro proceso de autonomía es más lento que el de los animales. Tampoco se tiene conciencia de identidad. Ello se va adquiriendo en el proceso evolutivo.

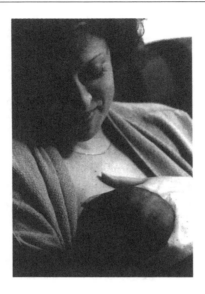

A partir del nacimiento, *el estado permanente de fusión ya no puede volver a darse y sólo puede ser reencontrado en determinados momentos y situaciones de nuestra vida.*

Muchos de nuestros comportamientos relacionales se encaminan a ese deseo de fusionalidad como si fuéramos a la búsqueda de algo perdido. Un beso, un abrazo, un coito, la introducción de alguna parte de nuestro cuerpo en el de otra persona (el dedo, la lengua, el pene), o nuestra receptividad a acoger a esa otra persona, pueden responder, además de a un deseo sexual, también a un deseo primario de fusionalidad.

La fusión es una sensación psicofísica de placer, de bienestar, de completud a través de la unión. Hay una búsqueda de placer que se obtiene en el contacto con el otro o la otra, abandonándose, entregándose. Parece que todas nuestras necesidades están satisfechas en ese momento, que no necesitamos nada más. Es una experiencia de felicidad.

> ¿HAS EXPERIMENTADO ALGO SIMILAR EN AL-
> GUNA OCASIÓN?

La fusionalidad se manifiesta con las personas —contacto corporal, espiritual, energético, simbólico—, con la naturaleza y los seres que hay en ella, con el arte, la belleza o la creación en general.

1. El contacto corporal

La fusión se experimenta fácilmente a través del contacto corporal.

No me cansaré de incidir en la importancia del contacto, del buen contacto.[8] El buen contacto es el que te da confianza; no oprime ni manipula. Es parecido al pecho de una madre que acoge al bebé, que a su vez se deja acoger y se tranquiliza en la seguridad del pecho amoroso.

Un abrazo, un abrazo profundo entre dos personas permite sentir durante segundos o minutos la interpenetración de los cuerpos, la confianza mutua, el abandono, la seguridad. El abrazo acorta la distancia y nos hace sentir al otro/la otra sin necesidad de palabras. La comunicación entre los cuerpos a través del contacto físico se da en otra dimensión a la comunicación por el lenguaje racional. Es como una comunicación más primaria y a la vez es sutil, espiritual y energética.

Ejercicio:

Colocaos junto a una persona que améis, o con quien tengáis confianza.

Adoptad una posición cómoda. Una buena posición es acostados frente a frente y estrechamente abrazados (o uno/a abraza y otro/a se deja abrazar). Olvidaos de que sois adultos o del sexo de la persona. No se trata de un abrazo erótico.

Cuando encontréis la posición adecuada, aflojad el cuerpo y manteneos inmóviles, simplemente escuchando vuestra respiración que se va haciendo cada vez mas lenta.

Luego, centrad vuestra escucha en la respiración de vuestra pareja; abandonaos a ella; respirad con su respiración y dejad que vuestros cuerpos se fundan. Olvidaos de vuestro cuerpo.

Manteneos en ese estado, sin pensar ni hacer nada, simplemente disfrutando de ese momento.

Continuad asi todo el tiempo que deseéis, hasta que sintáis el deseo de separaros.

Esta experiencia que acabo de proponer es una experiencia dirigida. En este caso, indico cuál debe ser la actitud interna o disposición de una persona para conseguir una vivencia que podríamos llamar de fusionalidad e iniciar la S. Aunque podemos aprender a vivir experiencias relacionadas con la F –en grupos o sesiones psicoterapéuticas–, es algo que ocurre de manera natural, espontánea, en nuestra vida cotidiana. Desgraciadamente, muchos de nuestros comportamientos naturales han perdido esa espontaneidad. Han quedado bloqueados y, en consecuencia a veces nos sentimos incapaces de conseguir que aparezcan. Es el caso, por ejemplo, de la dificultad de tener orgasmo o de sentir deseo sexual. Se interfieren los miedos, la desconfianza, las relaciones de poder, los mensajes culpabilizadores, etc. y necesitamos restaurar lo que naturalmente tenemos y no nos permitimos. Igual ocurre con la fusión. Hay deseo y miedo, pero el miedo a veces nos bloquea e impide la fusión.

En cuanto a la experiencia que acabas de realizar, observa varias cosas que suelen aparecer en la sensación fusional:

– *La respiración* se va haciendo más lenta, profunda y expansiva, abarcando la totalidad del individuo. Poco a poco se va sincronizando con la otra respiración.

– *La relajación.* Los músculos se van aflojando, el cuerpo parece pesar más y hundirse en el otro/la otra.

– *Abandono a las propias sensaciones.* Es la ausencia de control, el dejarse ir, el no racionalizar.

– *Abandono al otro/la otra.* Implica una relación de confianza y seguridad, sentir que eres bien acogido/a.

– *Pérdida de los limites del espacio corporal* (no saber donde acaba un cuerpo y donde empieza otro) y *distorsión de la percepción corporal* (percibir una parte del cuerpo como muy grande o muy pequeña...).

– *Pérdida de la noción del espacio y del tiempo.* Se pierde la conciencia del lugar en el que se está y del tiempo transcurrido. Hay distorsión del tiempo (creer que han pasado cinco minutos y haber pasado veinte, por ejemplo).

– Sensación de *seguridad, protección,* como de no necesitar nada, de bienestar profundo.

– Estado de *ensoñación,* parecido al que tenemos al empezar a dormir.

– *Pérdida del pensamiento racional*. Al principio pueden aparecer imágenes y emociones diversas, pero poco a poco se diluyen y sólo queda la sensación de bienestar, sin pensar nada ni experimentar ninguna emoción.

La fusionalidad la vivimos más o menos intensamente en muchos momentos de nuestra vida relacional; por ejemplo al acunar a un bebé en nuestros brazos, cuando abrazamos a una persona querida, etc. Pero también podemos sentir esa sensación de seguridad e intercomunicación a través de *pequeños contactos* como cogerse de la mano, un beso –no el ritual de besar, que es un mero saludo social–, al recostar nuestra cabeza largo tiempo sobre alguien que nos acoge, etc.

2. El contacto espiritual

A través de un proyecto común, unos ideales que compartir, unas ideas –también aquí hay contacto mental e ideológico–, una filosofia de vida similar, etc., dos personas pueden sentirse íntimamente unidas.

Cuando conocemos y queremos mucho a alguien, se establece lo que diríamos una "comunión espiritual", un nivel de comunicación mas allá de las palabras. Sientes lo que le ocurre a la otra persona, te entristeces con su tristeza y gozas de su goce.

3. El contacto energético

Hay determinados contactos que nos resultan gratos y otros que no, tanto si el contacto es físico como si se está a un metro de distancia.

Un buen contacto energético es aquél que *nutre* nuestro

cuerpo como si nos cargaran energéticamente con una corriente positiva. Nos produce bienestar y placer. Por el contrario, existen otros en donde nuestro cuerpo queda como desprovisto de energía, cansado, vacío, o con malestar.

PIENSA EN GENTE QUE CONOCES CON LA QUE DESPUÉS DE ESTAR CON ELLA TE SIENTES BIEN (COMO VITALIZADA/O), Y OTRA CON LA QUE TE SIENTES MAL (COMO AGOTADA, DECAÍDO, DESVITALIZADA, CON MALESTAR CORPORAL...)

El contacto energético de los amantes es de una gran atracción, como si fueran los polos de un imán.

4. Elementos simbólicos

La fusión se produce también mediante elementos simbólicos que representan al objeto amado : una pieza de su ropa, un mechón de su cabello, un objeto personal...

En la infancia solemos tener juguetes inseparables y fusionales con los que nos es fácil abandonarnos y dormir: un osito de peluche, una muñeca... Nos dan seguridad y protección. Son objetos afectivos sustitutos de las personas que amamos y nos daban seguridad en aquella época.

La fusión nos pone en contacto con lo otro, física, espiritual y energéticamente, por lo que es difícil considerar esos aspectos independientemente. Sin embargo, a veces también encontramos esa identificación fusional en algún área y no en otras. Por ejemplo con personas que queremos, como los/las amigos/as. En algún momento puntual se da cierta sensación de fusionalidad, pero donde se manifiesta de una forma más total es en la relación de amantes y en la infancia, fundamentalmente en la relación materno-filial.

5. Encuentro espiritual con la naturaleza y los seres que hay en ella

Un hombre me hablaba sobre el amor que sentía por su perro. Dudaba entre si, en caso de que tuviera que elegir, lo salvaría a él o a una persona. Hemos visto películas en donde existe una relacion íntima, profunda, entre un *animal* (perros, delfines, osos, lobos...) y un ser humano.

De pequeña me contaban una historia en relación a una de las lápidas del cementerio de Valencia. Probablemente constituye una historia de relación fusional arquetípica porque la he oido también respecto a otros cementerios. En la lápida aparece un perro esculpido en recuerdo y homenaje a aquél que amaba tanto a su amo que, al morir éste, permaneció a los pies de su tumba hasta que también murió.

En las prácticas chamánicas o en el sentir de las comunides aborígenes es habitual constatar la relación fusional con los elementos de la naturaleza. Una montaña es el espíritu de un pariente, la tierra es la madre –por lo que somos hermanos de todo los seres que hay en ella–. Un animal representa una cualidad y su identificación con él hace que se adquiera esa cualidad: la fuerza, la sagacidad, la valentía...

Formar parte de todos y cada uno de los elementos del planeta y en una unión con el mismo tiene un gran sentido ecológico, porque el amor respeta, la fusión amorosa te hace sentirte parte de lo otro y su existencia forma parte de tu existencia.

En ciertos trabajos terapéuticos que tienen en cuenta el concepto de energía hay experiencias habituales como abrazar un árbol y permanecer un tiempo fusionado con él o permanecer en contacto con la tierra.

También desde sus respectivas creencias los *centros de espiritualidad* favorecen esa sensación de fusión. Enclavados tradicionalmente en lugares especiales de la naturaleza fácilmente nos permiten sentir la disolución del yo para formar "parte de...": el universo, el cosmos, la energía universal, o comunicarnos íntimamente con nuestros dioses.

Es así porque el amante se consume en el Amado. Ya no lo ve más como distinto a Él. Uno de estos amantes decía a propósito de eso:

"Soy yo quién ama
¡Y a quién amo soy yo!".[9]

6. La contemplación artística y la creatividad

También el amor se despierta en la contemplación del arte y la creación. Una escultura, una música, una danza... Parece que algo nos conecta con ella y, aunque sea por poco tiempo podemos sentir que esa obra y nosotros/as somos la misma cosa o que hay algo nuestro ahí y algo suyo existe en nuestro cuerpo. Y por ello lo reconocemos. Hay una identificación, una sensación de unión espiritual e incluso física: sentir que formamos parte de lo que contemplamos.

Una vez, visitando una hermosa catedral gótica en Inglaterra, quedé absorta por la danza de una muchacha que, con escasa ropa, parecía dejar volar su cuerpo en el interior del templo, al son de Bach y de Vivaldi. Era un ensayo sobre una representación de la Pasión de Cristo, en donde curiosamente la protagonista era la Madre, que, a través de varias danzarinas representaba diferentes arquetipos de la mujer. Sentí el placer y el dolor, la insignificancia y la magnificencia a través de esos cuerpos de mujeres que colocaban mis emociones en sus movimientos. Por instantes, yo era cada una de esas mujeres que danzaban entre el suelo y el aire, entre el cielo y la tierra, entre lo espiritual y lo material, entre lo trascendente y lo cotidiano. Su danza era mi danza.

LA SEPARACIÓN, LA IDENTIDAD

Como contrapunto de la F e indisolublemente unido a ella está el concepto de separación (S).

Me refiero a S como al proceso o la vivencia de *desidentificación de lo otro y toma de contacto consigo mismo como algo distinto*. En este concepto está implícito el concepto de distancia; tomar distancia, distancia física y/o emocional de lo otro para reconocernos a nosotros/as mismos/as.

La primera separación física se da en el momento del nacimiento. Pero una cosa es la separación física y otra muy distinta el sentirse separado/a, que es un proceso en el que se va aprendiendo, distinguiendo entre el yo y el otro o la otra, entendiendo en la práctica el concepto de espacio, ubicándose y ubicando dentro del mismo a los demás, y más tarde diferenciando nuestro espacio del suyo. El sentirse separado es un *proceso psíquico de construcción de la propia identidad*.

Durante el proceso evolutivo es imprescindible para la niña o el niño que se le permita experimentar decidir por sí mismo. Con ello se equivoca o acierta, pero toma contacto consigo y sus posibilidades, su capacidad de decidir y sus riesgos. En el proceso de ir separándose e ir creando la autonomía, la niña/el niño van *diferenciándose* de las cosas, de la madre y el padre, de los demás y *elaborando su espacio personal y su sentido de individualidad y de mismidad (de sí mismo)*.

Ambos procesos: F y S se complementan e interaccionan en el ser humano favoreciendo el equilibrio personal y relacional. Si nos fijamos en los niños y niñas, veremos cómo, de manera espontánea, se busca la fusión o la separación en determinados momentos. A veces se acurrucan alrededor de los mayores, piden que se les acueste, se les cante una canción, se les acaricie, se les abrace, se les acune... Otras necesitan soltarse de la mano, soltarse del contacto para funcionar en solitario y hacer sus experiencias de correr, saltar..., separarse físicamente de la persona adulta.

En la adolescencia hay una gran necesidad de decir no como una forma de desmarcarse de la familia, del mundo adulto. Existe una búsqueda de la propia identidad como personas jóvenes, de encontrar sus puntos de referencia, su sistema de valores, etc. Hacer ese aprendizaje le ayudará a ir construyéndose como un ser autónomo.

En la experiencia de la separación (S) conectamos fácilmente con algunos de estos aspectos:

– *La libertad interior.* La persona se da cuenta de que puede hacer las cosas o no hacerlas y de que eso depende de su propio criterio. Puede ir por aquí o por allí, comer o no comer, o comer esto o aquello. Tiene capacidad de elegir por sí mismo en cada una de las ocasiones.

– *El juego.* Nuestra capacidad de elegir es nuestra capacidad de jugar con varias posibilidades. Hay juegos mentales, verbales, corporales...

– *La decisión.* La capacidad de elegir conlleva la de decidir entre eso o aquello según nuestro criterio.

– La posibilidad de *cambio.* Nuestros criterios y nuestras valoraciones pueden cambiar. Nos damos cuenta de la capacidad de cambio interior. De nuevo ejercemos la capacidad de decidir.

– *El riesgo.* Elegir, decidir, tiene sus riesgos. Es el riesgo a equivocarse, a acertar, a lastimarse... Si decidimos tomar una bebida alcohólica, según cuando se tome, la cantidad, la graduación y nuestra tolerancia al alcohol, corremos el riesgo de marearnos, emborracharnos, no poder conducir, estimularse para estudiar, estimularse sexualmente y tener más placer al desinhibirse, que se produzca una falta de erección que imposibilite tener un coito, estar simpático, dicharachera, etc.

– *La autorresponsabilidad.* Pero, sabiendo que cada opción tiene sus riesgos, optamos. Si tomo una bebida alcohólica me responsabilizo de cuál tomo, en qué cantidad y en qué circunstancias.

– *La excitación.* El riesgo produce excitación. La excitación, al igual que la relajación, es otra forma de vivir el *placer*. La realización de deportes y en especial aquéllos que se denominan "arriesgados" producen mucha excitación, como el parapente por ejemplo. En éste la persona se siente sola frente a los elementos, sola para protegerse, para alcanzar una meta o vivir una experiencia. La excitación se ve acompañada frecuentemente por el *miedo*. Cuando éste no nos invade y respetamos su presencia, podemos considerarlo un compañero de viaje que está ahí para decirnos: "¡Ten cuidado!".

– *Confrontación con los propios límites y con los de la realidad.* Al estar solas/os percibimos más clara y directamente la realidad exterior: la diferencia entre lo que deseamos y lo que puede ser, el peligro, las dificultades, lo fácil que resulta... y también nuestra realidad interior: los miedos, la alegría, la excitación... Y con todo ello hemos de decidir en cada momento qué hacer.

– *La creatividad.* Todo ello ayuda a los procesos de creatividad. Para crear, la persona ha de encontrarse con situaciones que ha de resolver, o con un espacio y tiempo para sí para que afloren las ideas, los sentimientos, lo original...

Por último, decir que la toma de contacto consigo mismo favorece la *integración* de lo vivido, *el centramiento personal y la autoconfianza y seguridad.*

LA DISTANCIA*

Un concepto fundamental a incluir cuando hablamos de F/S, cuando hablamos de enamoramiento idealizado y amor con enamoramiento, y también para entender el encuentro sexual, es el concepto de *distancia*.

Simbólicamente cuando hay fusión no hay distancia o la distancia es cero. La distancia se toma en la separación.

La *distancia* permite integrar las vivencias. También las vivencias de fusión. Al estar tan identificados/as no podemos integrar, objetivar o diferenciar entre lo que es esa realidad y quien la percibe, entre el objeto y el sujeto, o entre una persona y otra.

Así, cuando tenemos un problema que nos parece irresoluble, es bueno tomar distancia física o psicológica –tomar distancia interna– para poder ver con mayor amplitud y sin la emocionalidad que existe cuando estamos implicados/as. Es frecuente que quienes escriben, por ejemplo, para retocar el texto dejen pasar varios dias, incluso a veces, meses, para desidentificarse, para marcar distancia y releerlos con otra perspectiva. Contactar con la propia identidad, con el propio centro, requiere tomar una cierta distancia del exterior para situarnos internamente.

El problema de algunas personas –respecto a las relaciones afectivas o amorosas– es que *no saben cuándo quieren estar con alguien o cuánto tiempo desean estar; o bien no reconocen ni se permiten estar en soledad* sin que ello suponga necesariamente un aislamiento. Se sienten agobiadas,

---

* Haré referencia a este concepto en varios capítulos.

carenciadas, invadidas, exigidas, etc. y no pueden vivir el placer de diferentes momentos vitales, ni la F ni la S.

Existen distintos ejercicios que se pueden realizar en un grupo de psicoterapia, sexología o desarrollo personal para explorar los temas de la fusión y la separación, tan importantes para entender nuestra vida afectiva y tratar de vivirla lo más grata y justamente posible. Uno de los que suelo utilizar en los grupos –resulta muy clarificador– es el que voy a describir a continuación. Lo creé inspirada en trabajos de psicomotricidad.

Ejercicio: Fusión/Separación (para grupos)

Objetivos:

El ejercicio pretende que cada persona pueda:
1) distinguir cuándo le surge el deseo de estar con alguien (F) o cuándo el deseo de estar sola (S).
2) darse cuenta de qué ocurre internamente cuando aparece cada uno de estos deseos; qué miedos, qué fantasías, qué asociaciones con su vida pasada pueden estar determinando su presente, sus reacciones.
3) ver cómo responde en su interacción con las demás personas cuando se permite, o no, manifestar su deseo.

Antes de hacer el ejercicio explico detalladamente en el grupo las posibilidades con las que se pueden encontrar, y cómo darse el tiempo necesario para decidir qué hacer. Se aclaran asimismo las dudas que surjan al respecto.

Tiempo:

El ejercicio puede durar varias horas (he llegado a hacerlo hasta de cuatro horas). Una hora y media puede ser el tiempo mínimo adecuado, pero, si es posible, es mejor que el tiempo sea más amplio. Hay que tener en cuenta que, como se produce una distorsión espacio-temporal, lo más probable es que haya gente para quien la experiencia le resulte breve al tener su ritmo personal lento.

Material:
Una sábana y un "foulard" (pañuelo del cuello) por participante.

Instrucciones:
Éste es un ejercicio para que experimentes la diferencia entre la vivencia fusional (F) y de separación (S).
Vas a tener un tiempo aproximado de hora y media a dos horas.
Partirás de la separación. Para tomar mayor contacto con tu individualidad, con tu espacio personal (EP), te ayudarás de una sábana. Ella representará tu EP.
Te colocas la sábana por encima cubriéndote todo el cuerpo. Mantendrás todo el tiempo los ojos cerrados tapándotelos con el pañuelo. Ello te ayudará a estar en contacto con tus sensaciones. Conectas con tu individualidad. Puedes colocarte en cualquier posición en la que estés cómoda/o. Permítete sentirte bien estando sola/o. Sentir la F y la S es una cuestión de equilibrio; es decir, puedes estar bien sola/o, pero llega un momento en que ese equilibrio que tienes se va rompiendo y empiezas a sentir deseos de estar con alguien. (Eso, cómo veras más adelante, también se dará a la inversa).
Cuando experimentes esa necesidad buscas a alguien. No importa quién sea[10] –por eso mantenemos los ojos cerrados–, no importa que sea hombre o mujer, que sea tal o cual persona. Esa necesidad de "estar con..." (F) puede satisfacerse contactando con una pequeña parte del cuerpo –un pequeño contacto físico, por ejemplo con un dedo– o con un mayor contacto, como un abrazo.
Lo importante es que puedas hacer esas dos experiencias: estar sola/o y en contacto con alguien. A tu ritmo.

Hay quienes, a los diez minutos de soledad, ya desearán contactar; otros, después de una hora todavía no será su momento. Cada cual tiene su propio ritmo de equilibrio/desequilibrio. Tú tienes que sentir el tuyo.

Procúrate el tiempo de soledad que necesites dándote permiso para sentirte bien. Tienes derecho a ello. Colócate en una posición relajada, cómoda y déjate llevar por la sensación de estar bien, como de estar en equilibrio. Permítete vivir esa sensación todo el tiempo que necesites

Puede llegar un momento en que esa sensación de completo bienestar se rompa y empiece a aparecer un cierto desequilibrio, como una carencia, un deseo de dejar la soledad y entrar en contacto con alguien, de comunicarte.

Llegado ese momento sientes tu necesidad y asumes la responsabilidad de tus necesidades. De una u otra forma (de pie, a gatas...) buscas ese contacto que necesitas, pero sin perder tu (EP), cubriéndote siempre con tu sábana, aunque en esa búsqueda saques los brazos para explorar.

La idea es que te des cuenta de que eres tú, con tu mundo, con tus cosas, pero que también puedes compartir todo eso con alguien sin perder tu identidad y la conciencia de tu EP.

Cuando logres contactar con alguien, pueden ocurrir varias cosas:

1. Yo pido-tú aceptas

Tú eres quien busca el contacto, quien pide. Encuentras una aceptación por parte del otro o la otra. Entonces tienes que reconocer si ese contacto es el que necesitas o no, si es el contacto adecuado en ese momento.

Supongamos que sientes que *no lo es*. Entonces te despides –el ejercicio se realiza siempre sin palabras– y continuas buscando hasta conseguir el contacto que te vaya bien, el que quieres.

Cuando encuentras el *contacto que te va bien* hay un pequeño tiempo de tanteo, de adecuación hasta que se consigue establecer una *sintonía* entre ambas partes. A partir de ese momento se mantiene el contacto sin hacer nada, en total inmovilidad, sintiéndote con la otra persona, fusionada con ella.

La F es el estar, no tienes que hacer nada, sólo estar sintiendo la sintonía. No importa quién sea. Sólo se trata de descubrir y mantener la sensación de sintonía. En ese punto te abandonas, pierdes tus límites. Hay una sensación de pérdida de identidad: no se diferencia bién quién es él/ella y quién eres tú, cuál es su brazo y cuál el tuyo.

Puedes permitirte puntualmente perder esos límites porque no has perdido tu EP, tu sábana. Por eso puedes abandonarte sin miedo, experimentar la sensación de no conciencia de identidad, precisamente porque tienes tu identidad clara.

Entonces vives el placer de la F, del "estar con...", de ese equilibrio.

Si te permites estar, y estar bien, con sensación de placer, con disolución del cuerpo, de los límites, del tiempo, esa satisfacción tiene también un tiempo de equilibrio. Dura un tiempo.

Si ha sido bien vivida, llega un momento en que se vuelven a sentir deseos de estar sola/o como para poder integrar. No hay deseo de contactar con otra persona, sino de integrar la experiencia en soledad.

Al sentir esa necesidad de estar sola/o, te despides (no verbalmente), te separas. Disfrutas de la integración de la experiencia en tu soledad.

Cuando de nuevo surge la necesidad de estar con alguien vuelves a buscar. Y así sucesivamente.

2. Yo pido-tú no aceptas

A veces ocurre lo siguiente:

Buscas el contacto y lo encuentras. Deseas el contacto

pero esa persona no quiere. Sea por lo que sea, no quiere. Quizás no le va bien tu contacto, quizás todavía no es su momento. No te preguntes por qué; simplemente, no quiere.

En la vida cotidiana también nos pasan cosas similares; deseas ser amiga/o de alguien y esa persona no muestra interés; amas a una persona y ella no te ama. Por mucho que te duela esa realidad cuando se da, tienes que aceptarla.

Eso te va a suponer una frustración, a veces muy fuerte. Pero es una frustración que hay que poder integrar.

Cuando reconocemos nuestro derecho a pedir lo que necesitamos, hay que aceptar también el derecho del otro o de la otra a que pueda reconocer sus deseos y aceptarnos o no. En esos casos se requiere un *tiempo para elaborar la frustración* y poder estar disponible para buscar de nuevo.

(Es estupendo cuando dos personas se encuentran, se sienten bien mutuamente, sintonizan. Es como un regalo que nos ofrece la vida. Nos ocurre al conocer a algunas personas, en un enamoramiento, en experiencias con nuestra pareja. Pero no es algo que ocurra siempre).

3. Yo deseo la F y tú la S

Supongamos que ambos hemos podido vivir bien un encuentro fusional. Llega ese punto en que el otro o la otra decide ya separarse y tú todavía estás en la F.

Es una frustración para ti que debes asumir. Para la otra persona ha sido suficiente. Los ritmos de F/S no suelen ser sincrónicos. Por lo tanto has de poder integrar que lo que has vivido ha sido bueno aunque desearías continuar.

4. Yo deseo S y tú F

Otra posibilidad es que desees separarte antes que la otra

persona. Pero en ocasiones después de un buen encuentro tememos por la otra persona: "¿creerá que lo/la abandono?","¿se sentirá mal?".

Si te quieres marchar, has de decirle adiós (sin palabras)
y te vas. Para que estés bien has de hacer lo que necesitas.
Pero puedes hacer una buena o mala despedida. Si lo haces
en forma brusca, el otro o la otra no tiene tiempo de integrar
bien. Si lo haces poco a poco y con mucho cariño, se integra
mejor y es más fácil la aceptación de la frustración para
quien no deseaba todavía la S.

En este ejercicio que vamos a hacer de F/S puede ser que
contactes con mucha gente, con poca o con ninguna. En principio, tú estás contigo misma/o y si sientes deseos de hacer,
haces; si no, simplemente, estás. Siente cuál es tu ritmo y lo
que es una experiencia y otra (si se dan ambas, F y S).

Si te permites estar bien en cada una de ellas, ambas serán placenteras.

Una buena S tras una buena F te posibilita de nuevo el
deseo de recontactar y viceversa.

Ya puedes empezar...

Éste es un ejercicio muy clarificador –existen otros más sencillos– porque cada persona, en silencio frente a sí misma, siente cuál es su necesidad, qué miedos le surgen, cuáles son sus dificultades para pedir, confiar, entregarse, despedirse, o gozar.

> ¿CÓMO VIVES ESTAS POSIBILIDADES EN TU
> VIDA COTIDIANA?

Veamos algunos comentarios de participantes en ejercicios –como el propuesto y similares– de F/S:

– Carmen: *"Siento ahogo cuando estoy fusionada. Entonces quiero separarme. Pero cuando ya hay que separarse no
quiero y pienso: ¿ya está?"*.

(No hay abandono en la F, por lo tanto la F no llega a darse. Se mantiene como separada pero tampoco puede vivirla y
espera la F.)

– Juana: *"Cuando hay fusión me hacía daño el brazo,
pero como la "norma" era estarse quieta, aguanté el dolor.
Es lo mismo que me ocurre en las relaciones de pareja: cuando me siento mal o siento un daño por algo, para que la otra
persona no se dé cuenta me aguanto. Pero me siento mal"*.

(Para abandonarse a las sensaciones en la F, la persona
debe buscar la posición más adecuada y estar totalmente cómoda. Ésa es su responsabilidad. Cuando una relación se estructura en base al dolor no puede darse la F.)

– Isabel: *"No hubo fusión con mi madre. A veces quería
abrazarla pero no podía, no sabía. Me ocurre igual con mi
pareja. A veces tengo muchas ganas de estar con él, pero
cuando llega el momento me bloqueo."*

(No hay satisfacción de F, siempre está como separada pero
no puede estar bien porque siempre desea la F insatifecha.)

– Antonio: *"Cuando me abandono en la pareja tengo
miedo a perder mi libertad. Siento que la mujer me invade el
espacio, me anula. Me callo para no perderla, pero me siento anulado y entonces pierdo el interés por ella"*.

(El miedo, la desconfianza, impiden la F. Tampoco puede estar separado "me callo para no perderla" y está en búsqueda constante de F que no puede satisfacer por su desconfianza.)

– Roberto: *"He estado bien en la fusión, pero cuando el otro se va yo aún quiero más. Me siento solo, busco una nueva fusión, pero cuando vuelvo a contactar lo hago a medias porque continúo pensando en el otro encuentro"*.

(No se acepta el ritmo del otro ni la frustración y queda continuamente "enganchado", fijado, con la búsqueda de la F. Parece que no se vive el presente sino el pasado.)

EL MIEDO A AMAR

Muchos de los miedos a amar están relacionados con el contenido de esos dos conceptos: F y S.

Resumiría los miedos a la F y a la S en dos:

1. El miedo a anularse, disolverse.

En última instancia, desaparecer (¿miedo a la muerte?) en sus dos vertientes:

a) que el otro/la otra te anule (la voluntad, los deseos, la personalidad, etc.) con una cierta sensación de peligro o desasosiego y

b) que tú mismo/a te anules (tus deseos, tus valores, tu personalidad...) para complacer al amado/la amada, para satisfacer sus expectativas.

2. El miedo a la soledad[1].

Hay personas a quienes les produce un gran miedo la soledad. Es como si solas no encontrasen sentido a su vida, o incrementaran un sentimiento de autodepreciación. No quieren vivir solas y se angustian frente al hecho de que no tie-

nen pareja. En estos casos, el no vivir bien la soledad y la
búsqueda desesperada por la fusión hacen que, al estar de
hecho solas, no vivan bien ni la soledad en la que están, ni la
fusión que no tienen. Hay angustia. A veces la persona se
niega a reconocer como bueno nada que no sea su finalidad
de tener pareja; otras, se autoanulan para conservarla.

Los miedos a entregarse al otro/la otra, abandonarse, implicarse, vincularse, comprometerse... *son miedos a la fusión amorosa, al otro o la otra.*

La gente que teme que el amor le atrape, agobie, anule,
haga perder su identidad, descontrole, etc., tiene miedo a la
fusión amorosa. Ciertas causas del pasado suelen originar
esos miedos: los primeros vínculos donde hubo por parte de
las figuras parentales una excesiva sujeción o sobreprotec-
ción mezclada con un sentimiento amoroso −con lo que *se
asocia amor a sujeción*−. Como el niño/ la niña tenía *dificultad para separarse,* suele reaccionar huyendo, temiendo que
en el acercamiento amoroso de la edad adulta se repita ese
mismo comportamiento agobiante o persecutorio que en la
infancia le impedía desarrollar su autonomía.

Otro caso sería el originado por situaciones opuestas: figuras parentales abandonistas, carencia de contacto. Un
fantasma probable en este caso es:"el contacto es peligroso". Esto conlleva a una insatisfacción y una demanda
abierta permanentemente. Por otra parte, a veces no se sabe
cómo actuar −por la carencia de experiencia− o surge el
miedo.

A veces, el miedo a quedar atrapado o anulada es el propio *miedo a sí misma/o,* a autoanularse en el amor dada la
importancia que tiene para el propio individuo o por su propia dependencia afectiva. ¿Hasta qué punto no emitimos opiniones o actuamos en función de lo que se espera de noso-

tros/as? ¿Acaso hacemos lo que el amado/la amada quiere esperando la recompensa del amor?

> ¿QUÉ TE OCURRE EN TORNO A LA VIVENCIA FUSIONAL?

Hay una frase que hemos oído mucho en nuestra infancia y que considero que actúa como una "programación" de la que no nos damos cuenta: "Si haces eso no te querré", de la cual deducimos: "para que se me quiera he de hacer tal cosa, he de hacer lo que el otro/la otra quiera". Ahí está implícita la idea de que el amor es importante pero para conseguirlo hay que anularse en función del deseo del otro/la otra.

Esto, aplicado a la relación amorosa adulta:

1. Dificulta la fusión en muchos casos, ya que al constituir una creencia se concluye: "… por lo tanto, si deseo sentirme libre, expresarme tal cual soy, o hacer lo que quiera con mi vida, he de estar sola/o porque, si amo, pagaría el alto precio de mi libertad".

2. Al actuar según esa creencia que lleva en sí misma la idea de sometimiento, se va generando malestar y reproche, y se espera que el otro/la otra pague con la misma moneda ("si haces lo que no me gusta, no te amo"). Esto constituye el *principio del fin de una relación de amor*.

La F y la S se producen cuando hay disponibilidad *para ello*. Es decir, la persona se permite vivir cada una de estas experiencias sin miedo. Y cuando lo hay, vivirlo y trascenderlo. Ésa es una clave. *Si no existe placer no se está dispo-*

nible, y por lo tanto, las posibilidades de la experiencia no se realizan.

Tanto la F como la S tienen toda una gama de posibilidades vitales. Cuando la persona no sabe estar sola, conectar con ella misma (S) y su soledad la vive con angustia buscando desesperadamente una pareja, pierde una oportunidad de vivir un gran placer: el placer de conectar consigo mismo, de sentir plenamente su libertad interior y sus posibilidades. Cuando la persona no sabe entregarse y compartir y se coloca a la defensiva por miedo a la invasión, pierde otra oportunidad de vivir un gran placer: el de compartir, dar y recibir.

Se produce un *ciclo entre estos dos procesos:* el contacto bueno (no agobiante), el sentirse amado/a crea una sensación fusional con el otro/la otra y una segurización afectiva. Se experimenta bienestar y relajación, pero pasado un tiempo –varía de unos individuos a otros–, tras un encuentro nutriente, la persona se satisface y aparece el deseo de separarse, como de independizarse del otro/a, de sentirse a sí mismo. Entonces se experimenta otro tipo de sensaciones más conectadas con las propias posibilidades, con la autoafirmación. Y de nuevo, satisfecha la propia realización y contacto con su individualidad, vuelve a aparecer el deseo de fusión. Y así sucesivamente, tal y como se puede apreciar en el ejercicio de F/S que he propuesto.

...F.... S... F.... S...

Este ciclo se produce continuamente en fragmentos de tiempo a veces relativamente breves. *Ocurre a cualquier edad. En este último caso* podemos hablar de *períodos* en la vida de una persona que son más fusionales –tiende a la búsqueda de los demás, a la unión– u otros en que la separación es prioritaria –tiende a la autoafirmación o a la soledad–.

La F o la S no pueden valorarse. No es mejor una que la otra. Al igual que el psicoerotismo global y genital, son dos vivencias, dos maneras de percibirse distintas. En ocasiones predomina una u otra, pero ambas se combinan.

A niveles cotidianos podemos ver muchas dificultades para situarse bien en la individualidad o en la apertura al otro/a. Cuando en la infancia no se ha vivido un buen contacto afectivo, o el individuo no se ha sentido amado ni ha podido expresar su amor, puede quedar como permanentemente carenciado. Hay una búsqueda de ese encuentro emocional que no se ha dado. Queda como "separado", aislado, porque no llega a establecer la conexión adecuada. Sin embargo realmente no es una verdadera separación en el sentido que le doy al término en este capítulo, ya que no surge como decisión personal y natural sino ante la imposibilidad de poder acceder al otro y abandonarse. Y esto no es vivido con placer.

Cuando, por el contrario, no se ha permitido la suficiente libertad de movimientos como para poder experimentar por sí misma/o el concepto del yo, de identidad, el individuo al que se le ha protegido en exceso, que ha estado muy fusionado con la madre o el padre, llena su vida de la identidad de otros, no sabe estar separado, no sabe reconocerse a sí mismo. Puede estar continuamente "fusionado" –aquí habría simbiosis– y sentirse carenciado en esa búsqueda de libertad, de separación que no ha tenido.

Con sentido de identidad (S) podemos perdernos en el otro/ la otra sin temor, porque sabemos que aunque nos permitamos vivir el goce de la unión, en realidad no perdemos nada nuestro. Al contrario, podemos enriquecernos con sensaciones armonizadoras. Pero a la vez, para poder "perderte", entregarte sin sentirte anulada/o, hemos de saber cuál es nuestra identidad, nuestro espacio personal.

> ¿TIENES SENTIDO DE TU IDENTIDAD, DE TU ES-
> PACIO PERSONAL? ¿SIENTES QUIÉN ERES TÚ,
> QUÉ QUIERES EN ESTE MOMENTO DE TU VIDA?

FUSIÓN, SEPARACIÓN Y VIVENCIA AMOROSA

«Una mujer tenía un amado que vivía lejos. Sólo podían verse de vez en cuando.

»Cuando se encontraban todo quedaba paralizado a su alrededor. Era como si el mundo se detuviese y el único movimiento fuera el del interior de sus cuerpos.

»Cuando se miraban, no sabían si los ojos que veían estaban fuera o dentro de sí.

»El perderse de sus cuerpos era como introducirse en una selva misteriosa en la que no existían peligros; sólo humedades y calor, olor a tierra y perfumes, a plantas desconocidas, a jazmín, azahar y canela.

»A medida que avanzaban por entre sus árboles se percibía un olor a mar cada vez más cercano. Un mar penetrante, a veces calmo y suave, a veces turbulento, ruidoso y encrespado.

»Sus bocas eran oscuras grutas calientes de paredes humedecidas, que exudaban el agua que se filtra entre las rocas, cuando la atmósfera se tensa, se carga y, no pudiendo contener más, dejaran caer el agua de las nubes reventadas.

»El viaje era una alucinación, como cuando los indios o los místicos se ponen en contacto con sus dioses.

»Podían imaginarse que ocupaban todo el universo; sentir que sus cuerpos se diluían en el espacio y quedaban convertidos en nada, en pura sensacion inmaterial.

»Luego bajaban de los cielos y dejaban la selva, sus mares y sus grutas. Secaban sus cuerpos con flores olorosas que impregnaban sus cuerpos de perfumes y recibían de ellos los elixires del amor.

»Después la mujer recogía cuidadosamente estas flores en una cajita de sándalo o sabina, y cuando partía su amado, ella las dejaba caer una a una, día a día, en su taza de té que bebía, hasta que él retornaba."

ISABEL

Fundirse con el amado/la amada, formar parte de su cuerpo, de su espíritu. Poseerlo, tragarlo. ¿Qué podríamos hacer para que siempre estuviera a nuestro lado, o nosotros/as al suyo?

El deseo de fusión para quien no ama o lo ve desde fuera puede parecer absurdo, ridículo o vergonzante. Para quien lo experimenta es la razón de vivir en ese momento.

¿Cómo poderle expresar lo mucho que le amamos? ¿Entregándole nuestro cuerpo, nuestras posesiones, la virginidad –máxima joya de algunas sociedades–, nuestra libertad...? ¿Cómo podríamos expresar el deseo y el amor que sentimos cuando las palabras se nos quedan cortas, vacías, meros sonidos que no pueden traducir todo el contenido de lo que estamos viviendo?

> ¿HAS EXPERIMENTADO ESTAS SENSACIONES U OTRAS PARECIDAS EN TU VIDA AMOROSA?

En el vínculo amoroso la fusión es muy importante. Los cuerpos de los amantes trascienden la noción de espacio y tiempo, pierden los límites, se diluyen el uno en el otro. Parece que no quepa la posibilidad de mayor goce. Ya nada falta, como si en ese instante tuviéramos todo lo que necesitamos.

Pero *no sólo se produce mediante el encuentro de los cuerpos, sino también a través de la fantasía o con objetos que tienen un significado simbólico.* Se puede acariciar, tocar, oler –con el mismo cuidado y cariño que al amado/la amada– prendas u objetos que le pertenecen; se puede desear permanecer en su casa porque ésta es una parte suya. De esta forma simbolizamos poseerlo/a o que nos posea. Esto se vive intensamente en el enamoramiento. El enamoramiento es equiparable a una *experiencia cumbre* (capítulo 4: El enamoramiento en el proceso amoroso).

Fusión y separación son dos maneras de estar.

Tú llevas mi camisa
y yo tus collares.
Yo fumo tus cigarrillos
y tú bebes mi café.
Te duelen mis riñones
y yo tengo fríos tus pies.
Te pasas mis noches en blanco
y yo tus insomnios.
No se dónde comienzas, no sabes dónde acabo.
Tú tienes cicatrices donde yo soy herido.
Tú te pierdes en mi barba
y yo tengo tus manos de niña.
Tú vienes a beber con mi boca
y yo como con tu hambre.
Tú tienes mis inquietudes
y yo tus ensueños.
No sé dónde comienzas, no sabes dónde acabo.
Tus piernas me aprisionan, mi vientre te retiene.

Yo tengo tu pecho redondo
y tú tienes mis ojeras.
Tu aliento me calienta
y yo ahogo tus gritos.
Y me callo cuando tu me amas
y duermes cuando te lo digo.

G. Moustaki

Amaos el uno al otro
pero no hagáis del amor una atadura,
que sea más bien un mar movible
entre las orillas de vuestras almas.
Llenaos el uno al otro las copas
pero no bebáis de la misma copa.
Daos el uno al otro el trozo de pan
pero no comáis del mismo trozo.
Cantad y bailad juntos y estad alegres
pero cada uno de vosotros sea independiente.
Las cuerdas del laúd están solas
aunque tiemblen con la misma música.
Dad el corazón pero no para que el compañero lo tenga,
sólo la mano de la vida puede contener los corazones,
y estad juntos, pero no demasiado juntos,
porque los pilares del templo están aparte.
Y ni el roble crece bajo la sombra del ciprés,
ni el ciprés bajo la del roble.

Khalil Gibran

Un buen vínculo amoroso supone la capacidad de vivir ambos estados en un cierto *equilibrio,* que puede quedar desajustado temporalmente en momentos de crisis personal o de pareja, para ajustarse con una nueva reestructuración.

Para que esas dos maneras de estar interactúen en la pareja, es imprescindible que, a su vez, cada uno de sus miembros sepa integrarlas. De lo contrario, resulta evidente que no se puede compartir lo que no se conoce ni se sabe cómo combinar. *Mantener ese equilibrio en la pareja es un arte, no hay reglas fijas.* Requiere *trabajo personal* para desarrollar ese equilibrio y *creatividad.* Con ello, a veces obtenemos resultados satisfactorios y otras menos, y cuando ello ocurre, de nuevo tenemos que hacer uso de nuestros recursos y de nuestra capacidad de intuición y de creatividad para reequilibrarnos.

Existen también *períodos* en que las personas sentimos más necesidad de F o de S. El período de enamoramiento idealizado es muy fusional. Tras una intensa unión inicial se abre otra etapa de mayor separación, de clarificación de identidades, de demarcación de espacio.

No se desea estar todo el tiempo juntos, o haciendo el amor. Surge de nuevo la necesidad del reencuentro con cosas personales, aquellas cosas que también nos producen placer y vehiculizan nuestra expresión, comunicación, y toma de contacto con lo personal como las amistades, la actividad profesional, el tiempo para la soledad, la lectura o ciertos *hobbies*.

No es que anteriormente esas actividades o necesidades no existieran. Pero habían quedado como borradas, desvalorizadas o muy en segundo lugar frente a la necesidad imperiosa de compartir todo el tiempo posible con la persona amada, que ocupaba en ese momento el lugar nítido y claro de la figura que sobresale, constituyendo todo lo demás el fondo borroso.

De nuevo se retoma el contacto con lo personal como una

forma de distinguir entre el yo y el amado/la amada. Es un momento especialmente delicado porque:

– Algunas personas sólo conciben el vínculo amoroso como fusional y por lo tanto fácilmente pueden *sentirse abandonadas en la S,* si no están ambos en la misma necesidad.

– Aparece el *miedo ante la diferencia.* Se teme que la diferencia o la búsqueda de identidad del otro/la otra propicie una ruptura. Realmente hay aspectos de una persona que podemos considerar tan inaceptables para la convivencia amorosa que deseamos, y preferimos romper la relación. Pero las diferencias no tienen por qué llevar a una ruptura. Las diferencias enriquecen porque son complementarias, porque aprendemos de ellas, porque dan color a una relación. Las diferencias enriquecen como enriquecen las culturas, subculturas, las razas, las filosofías, las tradiciones, el arte o la música distintas.

– A veces la S se produce de forma *brusca y compulsiva* (como suele ocurrir en la adolescencia, con manifestaciones incluso violentas), sobre todo en parejas que han estado muy fusionadas y, a partir de un momento, desean desmarcarse internamente, pero también mostrarlo a los demás, mostrarlo en lo social. Es una manera de querer *reconfirmar la identidad.*

– A veces incluso hay quien necesita una mayor *distancia física para construirse o reconstruirse internamente.* Esto puede materializarse incluso en la búsqueda de un espacio distinto –una casa, por ejemplo– que se utiliza para reencontrarse a sí mismo/a, lo que tampoco tiene por qué suponer necesariamente una ruptura, sino un período de reflexión y clarificación interna.

En la medida en que una persona tiene clara su identidad

esa necesidad de reafirmación se hace cada vez menos aguda y patente. *Quien se siente libre no necesita reafirmar su libertad continuamente. Quien siente su espacio personal no sólo se lo posibilita, sino que lo siente internamente,* tiene conciencia de ello y sabe a qué cosas puede renunciar y cuáles son irrenunciables en una relación.

Toda relación amorosa o de convivencia afectiva implica una *cierta renuncia de libertad personal.* Pero se trata de un equilibrio. Ha de compensar con lo que se gana, el placer de compartir. Pero cada persona ha de sentirse *profundamente libre* para su desarrollo, permitiendo y alegrándose también del desarrollo de su pareja, lo que incide en el bienestar compartido.

– La S de un miembro de la pareja puede hacer sentir a la otra que se le ha abandonado, sobre todo *si no se ha combinado bien con la fusión,* es decir, si no puede sentir bien el vínculo amoroso que existe entre ellos, si la persona no se siente amada.

– Finalmente, la S puede ser utilizada o vivida como ruptura, porque en el lenguaje cotidiano utilizamos el término "separación" cuando queremos expresar la ruptura de una pareja. Pero son dos cosas distintas aunque utilicemos los términos como equivalentes. La separación interior (S) permite conectar con la diferencia y el respeto a la diferencia, la libertad interior y favorece la F. Hay un movimiento de vaivén, F/S/F/S/F/S... fluido, que puede sentirse como secuencial o incluso interrelacionado por momentos: sentir la F y la S al mismo tiempo.

Una persona que siente su S, su individualidad, puede fusionarse bien porque siente el vínculo desde la libertad. *Sólo te puedes vincular realmente cuando te sientes libre.*

Lo contrario quizás se podría llamar dependencia, posesión, simbiosis...

Evidentemente, la relación es más fácil entre los amantes cuando se lleva el mismo ritmo, se tienen necesidades similares en los mismos períodos o momentos. Pero esa sincronía no suele ser frecuente, no sucede todo el tiempo ni tiene por qué ser algo necesariamente deseable.

Es importante para la recreación y cuidado del vínculo amoroso poner mucha atención a esas dos necesidades y saberlas combinar: *la seguridad afectiva y la libertad personal; saber mantener un profundo contacto sin ahogar las posibilidades de desarrollo de los miembros de la pareja.*

> ¿SIENTES QUE PUEDES EXPRESAR TU SENTI-
> MIENTO AMOROSO A QUIEN AMAS? ¿TE SIEN-
> TES AMADA/O? ¿PUEDES DIFERENCIAR SU
> IDENTIDAD DE LA TUYA? ¿TE SIENTES LIBRE?
> ¿QUÉ ASPECTOS DE TU VIDA SE DESARROLLAN
> A TRAVÉS DE TU RELACIÓN AMOROSA?

4. EL ENAMORAMIENTO EN EL PROCESO AMOROSO

¡Oh amante! La conclusión que puedes sacar para ti mismo es la siguiente: te imaginas que todos los que ven a tu amado lo encuentran tan hermoso como lo ves tu.

IBN ARABI

Hablar del enamoramiento es aparentemente uno de los temas más fáciles de tratar. ¿Quién no se ha enamorado alguna vez?, nos diríamos. Por otra parte, la literatura al hablar del sentimiento amoroso está plagada de eso: de enamoramientos, de ese despertar amoroso dulce y violento a la vez, de ese arrebato imposible de controlar que nos lleva por caminos de goce y sufrimiento. Es lo que en algunos textos se llama: "la pasión amorosa".

¿El enamoramiento es el amor? *Es una parte del proceso amoroso;* una parte que confundimos e identificamos con el todo. Pero no es el todo, es una parte. El enamoramiento es un estado y constituye una etapa en el curso del proceso amoroso.

ALGUNAS CARACTERÍSTICAS DEL ENAMORAMIENTO

El enamoramiento es un estado pasional, un desencadenante de la experiencia amorosa. Es un estado anímico, el contacto con una potencia interior, una fuerza, una vibración interna, un torbellino que nos atrae "irremisiblemente" frente a lo amado con una fuerza incontrolada, como sin saber por qué.

Una cosa es el estado de enamoramiento y otra las personas –objetos o situaciones– sobre las que enfocamos nuestra capacidad amorosa y en quienes proyectamos nuestras expectativas e ilusiones. Esa experiencia puede ser compartida, pero en este apartado hablaré tan sólo del enamoramiento como experiencia *individual* que se inicia con un deseo de aceptación y de correspondencia mutua.

1. El inicio del enamoramiento se presenta como algo que brota incontroladamente, inundando todo nuestro ser como una *experiencia cumbre* que nos dirige hacia la persona amada. Es la búsqueda de aproximación, el deseo de aceptación, de contacto, de fusión.

2. Cuando la persona amada responde positivamente a nuestro deseo amoroso, cuando la pasión amorosa encuentra su respuesta en la otra pasión, es la vivencia de éxtasis, la magia por excelencia. No parece haber barreras para los amantes, ni límites de espacio/tiempo. Se vive esa *experiencia cumbre* en todo su esplendor; el culmen del placer y del éxtasis, como si nada tuviera mayor sentido para los amantes que ellos mismos. Es la vivencia de trascendencia a través de la fusión de sus cuerpos, de unicidad con el universo.

3. Cuando se vive todo ese período de intenso fuego pasional y de idealización del ser amado, poco a poco el deseo de fusión va dando paso al deseo de separación, el encuentro pleno y satisfactorio de la persona amada da lugar al reencuentro consigo misma/o, a la integración. El fuego de la pasión se aquieta y genera serenidad. La pasión se mantiene porque se cultiva. Al igual que mantenemos el fuego en una hoguera, lo incrementamos –viviendo momentos o períodos pasionales, o de gran intensidad– o lo suavizamos. Pero lo mantenemos.

4. Cuando por el contrario, ante el enamoramiento no existe una mutua correspondencia, el deseo y la frustración continua generan un estado de tristeza profunda. Todo ese caudal de energía que brotaba, en un principio, en la persona enamorada, al no encontrar respuesta, no halla una salida y revierte de nuevo hacia ella, generando autodestrucción. Se pierde la alegría, el deseo de vivir, y se da una autopercepción negativa. Hay que hacer una despedida interior, vivir el duelo y prepararse para una nueva apertura.

Las vivencias del estado de enamoramiento quedan matizadas, por tanto, por los distintos momentos vividos , tanto si se describe el estado anímico antes de o durante la correspondencia afectiva, cuando ésta queda frustrada, cuando se idealiza totalmente al ser amado o cuando ya se le puede percibir también "con sus defectos".

La experiencia del enamoramiento implica un despliegue de facetas de la persona que pueden ser fácilmente reconocibles por ella misma y por el exterior, que indican que existe una *búsqueda de acercamiento,* proximidad física y espiritual.

Cuando se inicia el enamoramiento, se viven sensaciones, emociones, y una percepción "especial" de las personas y de las cosas.

La persona enamorada puede sentir *sensaciones* de frío, calor, tener taquicardia ponerse a temblar, sentir tensión genital, enrojecérsele la cara... ante la presencia de la persona amada, o con sólo oír su nombre.

Se vive una gran intensidad, variabilidad e inseguridad *emocional*. Puede surgir tristeza, alegria, miedo al abandono... (cuando hay inseguridad afectiva)

El *pensamiento* se convierte en obsesivo ("no puedo dejar de pensar en ella/él"). Se está pendiente de una palabra suya de afecto, de una sonrisa, una mirada, una llamada telefónica... cualquier gesto que pueda insinuar o pueda hacernos creer que existe una mutua correspondencia.

El *comportamiento* es compulsivo (impulso de frecuentar los lugares por donde pasa, hablar continuamente de él/ella: sus características físicas, su personalidad...).

Un factor decisivo en el acontecimiento del amor es la *seducción*. No hay enamoramiento si no hay seducción. Nos sentimos totalmente seducidas/os por esa persona. Todo cuanto hace o dice es maravilloso. Tiene gracia, es inteligente, sensible, tiene coherencia, valor, honradez, simpatía...

Aunque no nos enamoramos de todas las personas que nos seducen, que nos agradan, sí que estamos seducidas/os por aquellas personas de las que nos enamoramos. Estar seducido/a no implica un enamoramiento, tal como lo entendemos entre los amantes. Entre éstos hay seducción y "algo más". No es sólo una vibración de sintonía, sino de una *sintonía especial,* determinada, que se reconoce.

El enamoramiento puede manifestarse bruscamente como si hubieramos bebido de golpe una poción mágica: es lo que se llama "el flechazo". También como si fuéramos tomando la poción a pequeños sorbos y fuera calando despacio y profundamente en nuestro cuerpo. Esto es lo que suele ocurrir cuando el enamoramiento acontece como transformación alquímica de una relación que se inició como amistosa.

Cuando la persona está enamorada vive un intenso *deseo fusional*. Se desea estar con el amado/la amada, incorporarlo a nuestro cuerpo, a nuestra vida, a nuestro mundo y formar parte de todo él/ella, de lo que le pertenece, de lo que toca. Se busca su contacto a través de la piel, de la mirada, o simplemente de su proximidad para sentir su energía.

Vivir el enamoramiento es como estar en otro mundo. Es también vivir en el mundo de nuestra *fantasía*, de la irrealidad. No vemos al amado/a tal cual es, sino que percibimos tan sólo algunas de sus partes, aquéllas que deseamos ver, que deseamos que tenga. Más que una persona de carne y hueso, es el personaje que queremos que sea, interpretando sus comportamientos en base a nuestras fantasías. Es, sobre todo al principio, una *idealización* del ser amado.

Todo cuanto es, hace o dice nos parece hermoso. No tiene defectos y no entendemos cómo alguien puede ver alguno. Incluso aquello que podría ser tachado como tal para otras personas, carece de importancia, e incluso quedar embellecido por todo su conjunto, por su magnetismo.

Es un período de muchas fantasías y deseos: lo que nos gustaría que nos dijera, hiciera..., lo que nos gustaría hacerle o decirle...

También se altera la percepción del *espacio* y del *tiempo*. No parece existir más realidad que el amado/la amada. Es como si ocupara todo nuestro espacio interior y también el espacio exterior. Es la figura que sobresale a todas, que brilla; el personaje único que existe en el escenario, emborronándose, difuminándose todo lo demás. No existe más realidad que el amado/la amada.

El tiempo parece largo en su ausencia y corto en su presencia. Sin embargo, un instante juntos parece no tener límite.

La persona enamorada, suele darse cuenta de su estado. Pero tanto si es así como si no, éste queda claramente reflejado al exterior a través de todo un *lenguaje corporal* y de señales evidentes para quien observa la forma de mirar al amado/la amada, de escucharle, de sonreirle...

Enamorarse produce *placer*, un inmenso e intenso placer. Por una parte mantenemos una *receptividad* extraordinaria de todos los sentidos: somos capaces de detectar sutilmente cualquier cambio de voz, del gesto, de la mirada, de la presión de una mano. Y el cuerpo, cuando se abre, goza. Por otra, nos permitimos también vivir más las emociones y todo nuestro organismo se *revitaliza*: se respira más y se vive más intensamente.

También aumenta nuestra *autoestima* al sentirnos queridos/as. Se nos devuelve una imagen positiva, incluso de aquellos aspectos que no valorábamos, como si de repente nos sintiéramos hermosos, útiles, necesarias, inteligentes, tiernos, fuertes, deseadas, deseantes... y nos convirtiéramos en todo aquello que creemos, queremos ser o cree el otro/la otra que somos.

> ¿CÓMO TE SIENTES CUANDO ESTÁS ENAMORADA/O?

Y es tanto el placer que produce, que podemos mantener el enamoramiento, incluso aunque nuestro objeto de deseo no nos ame.

Sin embargo, este placer individual no es comparable al que se experimenta cuando es compartido, en donde la experiencia puede ser de éxtasis.

> ¿RECUERDAS ENAMORAMIENTOS QUE HAYAS TENIDO?: LARGOS, FUGACES...

EL ENAMORAMIENTO COMO "EXPERIENCIA CUMBRE"

El enamoramiento puede considerarse una "experiencia cumbre" o un estado que la posibilita.

La "experiencia cumbre" es una experiencia extra-ordinaria que nos produce como una descarga interior, nos conmueve de tal forma que nos permite percibir unos aspectos de la realidad que otros no perciben, o lo percibido mueve alguna fibra de nuestro ser de tal manera, que algo cambia en nuestra vida a partir de ese momento.

El primer viaje que realicé a las cataratas del Iguazú fue para mí una "experiencia cumbre". La magnificencia de una naturaleza hasta entonces desconocida para mí, la potencia del agua, el estruendo interminable, la aparente fragilidad de los pájaros que atravesaban la potente espuma blanca, el manto verde de la selva... y yo tan pequeña, entre el cielo y la tierra, como una partícula del conjunto...

Me quedé horas y horas absorta en aquel lugar, de la noche al día. Atravesando miedos, dejando entrar por todo mi cuerpo las sensaciones, contemplando en un estado extático.

Algo cambió en mí a partir de aquel momento. Me hizo percibir de otra manera el mundo, el continuum vida-muerte-vida..., o el proceso de la vida, el relativismo espacio-tiempo.

He vuelto en otras ocasiones; mi vínculo amoroso con aquel lugar parece más real. Guardo en la distancia recuerdos agridulces, pero la puerta de conocimiento que abrió en mí la primera vez es imborrable.

> ¿RECUERDAS MOMENTOS DE TU VIDA EN DONDE HAS VIVIDO INTENSAMENTE ALGO EXTRAORDINARIO QUE PODÍAS CONSIDERAR COMO UNA EXPERINCIA CUMBRE?

En este sentido considero el enamoramiento una experiencia cumbre, una vivencia extraordinaria y significativa. Hay personas que viven con quienes se enamoraron por primera y única vez; otras que han tenido varias experiencias de enamoramiento. Sea como sea, las experiencias de enamoramiento son imborrables.

> ¿RECUERDAS CÓMO VIVISTE AL SENTIRTE ENAMORADA/O A LO LARGO DE TU VIDA?

Maslow en su libro *El hombre autorrealizado*[12], habla así de las experiencias-cumbre:

«– *En la experiencia estética o amorosa es posible absorberse y valorarse tanto en el objeto, que el yo, en un sentido muy real, desaparece. Algunos escritores de estética, misticismo, maternidad y amor, vgr. Sorokin, han llegado a afirmar que en la experiencia cumbre podemos hablar de identificacion del receptor con lo percibido, de fusión, o que eran dos realidades de un todo nuevo y más amplio, de una unidad superior.*

"– Las experiencias cumbre de puro gozo están /.../ entre los objetivos básicos del vivir...".

"– Se da una desorientación muy característica respecto al tiempo y al espacio. /.../ la persona se encuentra subjetivamente fuera del tiempo y del espacio.

"– /.../ la experiencia cumbre se muestra sólo como buena y deseable y jamás como mala e indeseable.

"– La reacción emocional en la experiencia cumbre posee un valor especial de admiración, pasmo, reverencia, humildad y rendimiento ante la experiencia como ante algo grande. A veces incluye un toque de miedo/.../ puede provocar lágrimas, risas o ambas cosas, y que paradójicamente puede parecerse al dolor, aunque se trate en este caso de un dolor deseable a menudo descrito como 'dulce'.

"– Lo percibido /.../ tiende a ser considerado como ejemplar único y como miembro exclusivo de su categoría.»

Podríamos describir el enamoramiento como un estado de trance ("estoy fuera de este mundo"), un conjunto de síntomas que dan lugar a un síndrome (el estado de enamorada/o); podría ser considerado un estado de alienación (cierta pérdida de identidad), de locura ("estoy loco por ella"), o un estado de éxtasis (el goce experimentado es el máximo que cabe en nuestro cuerpo, el máximo que podemos sentir).

LA MELANCOLÍA AMOROSA

Otra de las características del enamoramiento es la melancolía. Melancolía que se alterna con estados de exaltación, de euforia o alegría cuando estamos con la persona amada o hablamos de ella. Pero existe también un continuum de tono de tristeza, como de nostalgia que se trasmite a través de los ojos, de la mirada y de un cierto tono vital que es fácilmente reconocible por quienes están a nuestro alrededor.

Esa melancolía se da al principio del enamoramiento en los períodos de separación física y sobre todo en aquellas personas cuyo amor no es correspondido.

La melancolía ha sido considerada una *enfermedad de amantes insatisfechos*; insatisfechos porque no hay correspondencia. En el mejor de los casos, cuando la hay, la necesidad de contacto físico y espiritual al principio es muy fuerte, la necesidad de fusión muy grande e intensa, y la de separación, breve. Cuando estos términos se invierten existe una carencia, una demanda y una mirada al pasado, a los momentos de fusión, de encuentro. Pero es sobre todo cuando esta F no puede darse cuando la melancolía es más intensa y se puede hablar de "enfermedad de amor", que es lo que se ha considerado frecuentemente en la literatura: "pasión amorosa". Éste fue uno de los presupuestos, por ejemplo, de la medicina árabe medieval y que puede verse en la poesía de aquella época.

«Todo amante, cuyo amor sea sincero y que no puede gozar de la unión amorosa, bien por separación, bien por desdén de un amado, bien por guardar secreto su sentir, movido de cualquier circunstancia, ha de llegar por fuerza a las fronteras de la enfermedad y estar extenuado y macilento, lo cual a veces le obliga a guardar cama.»[13]

O como decía Mariana de Alcoforado:

«– Todo se me hace insoportable.
»– Las hermanas más austeras se compadecen de mi estado de ánimo, se sienten movidas de una cierta piedad hacia mí. A todos conmueve mi pasión.»[14]

La poesía trovadoresca exalta esa "agonía del amor, la enfermedad que los médicos no pueden curar, las heridas que pueden curarse sólo con el arma que las produjo".[15]

"La herida es la herida de mi pasión y la agonía de mi amor por esta criatura. El único que puede curarme es el que asestó el golpe. Es un motivo que aparece en forma simbólica en muchas historias medievales de la lanza que produce la herida."[16]

La enfermedad proviene, por lo tanto, de aquello que lo remediaría, como dice también Ibn Hazm.

De ahí que pudiera recomendarse como una forma de curación la unión sexual -como medicina - o prácticas de unión como por ejemplo el beso[17] ; o dicho con palabras de Campbell: "Sólo cuando esa lanza vuelve a tocar otra vez la herida, ésta puede cerrarse".

EL ENAMORAMIENTO NO CORRESPONDIDO

Alberoni dice que el enamoramiento es un movimiento colectivo de dos y lo compara con los movimientos revolucionarios. Pero el enamoramiento no siempre se produce así. El enamoramiento, como todos los procesos internos, se produce individualmente, y a veces maravillosamente se da a dúo, pero otras queda circunscrito al recinto meramente personal. En este caso es cuando, unido al placer del enamoramiento, se agudiza la tristeza, la melancolía amorosa.

El enamoramiento no obliga a nada a quien lo vive, ni tampoco al ser amado que no nos corresponde; tan sólo a aceptar esa realidad que se nos impone y a atraversarla –en el caso del / de la amante– y a acompañar –en el caso de la amada o amado.

Sin embargo hay dos creencias que aparecen cuando nos enamoramos:

a) –que la otra persona ha de corresponder;
b) –que el enamoramiento nos obliga a estructurar una pareja.

a) Un enamoramiento es una experiencia profunda y personal que nos vincula, querámoslo o no con la persona amada, al margen incluso de la voluntad de aquélla. La amamos intensamente, la hacemos objeto de nuestro deseo, de nuestras ilusiones y fantasías, nos sentimos seducidas/os. Pero la otra persona puede no sentir lo mismo; el enamoramiento no es algo voluntario, ni se puede crear ni hacerlo desaparecer. Existe o no existe. Claro está que a partir de la nada, o de una relación amistosa o de la intensidad amorosa de la otra persona puede aparecer; pero también ocurre que puede no darse nunca.

El problema es hasta cuándo mantener la esperanza del enamoramiento mutuo o cuándo aceptar la realidad.

¿Qué duda cabe de que la persona enamorada nunca parece perder la esperanza de la correspondencia anhelada? Pero poco a poco la frustración va en aumento y todo lo que era la potencia energética amorosa y de la sexualidad queda bloqueada, y de la posible revolución a dos, que podría darse, pasa a convertirse en un proceso autodestructivo, que es lo que en otros momentos históricos –y en otras culturas– ha venido considerándose una melancolía patológica y una enfermedad del alma.

En la consulta clínica observo dos comportamientos típicos: *1)* enamorarnos de alguien que no nos corresponde, y *2)* la no aceptación del desamor de alguien que nos ha abandonado. La expresión del dolor se manifiesta a través de sintomatologías psíquicas (vg.: depresión, fantasías de suicidio, pensamientos obsesivos, etc.) o sexológicas (vg.: desaparición o disminución de la líbido y desinterés sexual, etc.).

b) Por otra parte existe la idea de que lo lógico es que si nos enamoramos de alguien estructuremos con esa persona una relación de pareja. Y ello no es necesariamente así porque a veces nos enamoramos de personas con quienes sabemos que no podríamos convivir o que no nos conviene porque crear ese vínculo nos causaría más problemas y sinsabores que beneficios. Son dos cosas diferentes: una, enamorarse, y otra, decidir crear una estructura social de pareja y una convivencia.

> • ¿QUÉ HACES CUANDO ESTÁS ENAMORADA/O Y NO LO ESTÁN DE TI?
> • ¿CÓMO REACCIONAS FRENTE A TI MISMA/O Y FRENTE A LA PERSONA AMADA?

El enamoramiento es un proceso que hay que pasar, como el desamor. Cuando nos enamoramos vivimos el goce de esa experiencia con todo lo que conlleva, tanto de placer intenso como a veces también de dolor y de sufrimiento. *Se vive la intensidad del momento,* de ese período irrepetible. Pero si pasado un tiempo –sólo la persona enamorada sabe cuándo es el límite– el malestar, la melancolía y la depreciación se agudizan, la persona ha de poder aceptar la realidad de no correspondencia que se le impone e ir dejando morir esos sentimientos (véase el capítulo 9: El desamor) para poder transformar la relación sin que ello suponga necesariamente una ruptura.

El enamoramiento no compartido dificulta la comunicación entre ambas personas –amante y amada/o– porque *se mueven en dos niveles de realidad distintos: el nivel mágico del enamoramiento y el nivel de la realidad ordinaria.* El/la amante sacraliza, inviste a la persona amada de un halo casi divino –"mi diosa"–, se le individualiza y absolutiza ensalzándola a categoría de persona única y especial en el mundo –más allá de que todos somos únicos– y existe una casi incapacidad para describir a dicha persona o los sentimientos que le provoca con el lenguaje ordinario y racional, por lo que se utiliza con frecuencia el lenguaje poético, más conectado con el mundo de los sentimientos que el de la razón.

Por el contrario, la otra persona, que no está en ese nivel, sino en el de la realidad ordinaria, habla con otro lenguaje y desde otro lugar. No mira –ni habla– con los ojos del corazón enamorado.

Volviendo al capítulo anterior, diríamos que la persona enamorada habla desde la F y la no enamorada desde la S –desde un espacio no compartido. Esta dificultad de comunicarse, a pesar del profundo cariño que se tengan, me recuerda mucho a la de don Quijote y Sancho Panza.

Una anécdota que me viene a colación: en cierta ocasión había confesado mis más íntimos sentimientos amorosos a una persona que por aquel entonces no podía corresponderme. Uno de aquellos días en que yo le relaté cómo me sentía triste y abatida, me contestó: "¿No estarás en el período premenstrual?". Tras reponerme de mi perplejidad, me di cuenta de que evidentemente no hablábamos de lo mismo. Muchas veces he recordado esto con ternura.

EL ENAMORAMIENTO CORRESPONDIDO

¿Qué ocurre cuándo todo ese potencial que implica el enamoramiento se une a otro de características similares?

«Un hombre se casó con una mujer. La mujer dio a luz una criatura. Era una niña, una niña muy hermosa. Un joven pretendía a la niña. El padre estaba de acuerdo. El padre dijo: "Cuando la niña esté madura, podrás casarte con ella". Entonces, el padre encerró a la joven para que no entrase en relación con ningún hombre. La madre le llevaba directamente la comida a la joven encerrada. La joven no debía abandonar nunca la casa de día.

»Una noche la joven salió para cumplir con una necesidad. Cuando entraba a la casa la vio un joven. El joven se enamoró inmediatamente de la muchacha. Fue adonde estaban sus amigos y les dijo: "¿Quién es esa muchacha que a la noche entró en esa casa?"Los amigos dijeron: "El padre la ha prometido a un joven y no debe salir de la casa". El joven dijo: "Eso no me importa. Debo poseerla. No puedo estar sin ella". Los amigos dijeron: "No puede ser. Nadie puede salir de la casa o entrar allí. Ella siempre está encerrada". Entonces, el joven le dijo a sus amigos: "Envolvedme en muchas telas para que no se note que soy un hombre. Luego llevadme al padre de la joven y decidle: 'Ésta es una almohada para que tu hermosa hija se la ponga debajo de la cabeza y esté más cómoda'". Los amigos así lo hicieron. Envolvieron al joven en muchas telas. Los amigos llevaron el paquete al padre. El padre lo recibió. La madre se lo llevó a la muchacha y le dijo: "Los jóvenes del pueblo te mandan esta almohada para que tu cabeza descanse con más comodidad.

»Luego la madre salió y dejó a la muchacha sola con la almohada. Cuando la madre se hubo ido, ella se acostó sobre el almohadón. La muchacha dijo: "Es cómodo". Después se levantó y contempló la almohada. Desenvolvió una tela, luego otra, luego otra. Palpó con las manos entre las telas para ver si no había más que telas. Llegó al centro y justo tocó el pene del joven. La muchacha dijo: "¿Qué es esto?" Apretó los testículos y entonces el pene del joven se levantó.

»La joven apartó las telas. Vio que dentro había un hombre. La muchacha se asustó porque nunca había visto un hombre. Pero el joven tomó a la muchacha en sus brazos. Ella se tranquilizó. La muchacha señaló el pene del joven y le preguntó: "¿Y esto qué es?".

»Entonces el joven durmió con la muchacha. A la mañana siguiente él dijo: "Ahora envuélveme de nuevo en las telas para que tu madre no me vea". La muchacha así lo hizo. Pero a la noche volvió a desenvolver las telas y dejó que el joven durmiese con ella.

»Después de algunos meses la madre de la muchacha le dijo a su marido: "El vientre de nuestra hija está hinchado. ¡Debe estar embarazada!". El padre mandó llamar a su hija y le preguntó: "¿Quién te preñó?". La joven dijo: "Una almohada que me trajo mi madre".

»Por eso ya no se encierra a las jóvenes. No hay nada que pueda hacerse cuando los jóvenes están enamorados.»

"Las tribulaciones de una joven",
Togo-Tim, de *El decamerón negro*

¿Qué no haría una persona enamorada por estar junto a quien ama?

El enamoramiento correspondido deviene una experiencia de éxtasis. Las personas enamoradas viven como en un estado de gracia: si hace sol, es espléndido; si llueve es maravillosos sentir el agua en la cara; si hace viento se escucha la potencia de la naturaleza, la musicalidad del aire... La vida es hermosa...

Pero nada hay más bello para los amantes que la contemplación de sus rostros, que quedar embelesados con el magnetismo de sus miradas, que el contacto de sus manos, que el calor de sus pieles.

Es como entrar en un mundo de dimensión mágica en donde todo parece posible, donde no existen distancias ni límites que puedan separar esa fuerza de atracción inconmensurable.

Sacamos nuestros mejores valores, vemos los mejores también en el/la amado/a a quien otorgamos todo tipo de virtudes, exagerando las cualidades que tiene o sencillamente vivenciando como reales nuestras propias fantasías.

No vemos lo que no queremos o podemos ver, lo que, sin embargo, ve la gente de nuestro alrededor, que miran con los ojos de la realidad ordinaria. No queremos que se rompa el "hechizo", la magia de este estado.

En otras culturas y en sociedades primitivas existiron y existen filtros amorosos, hechizos, fórmulas mágicas para lo que, desde la nuestra, diríamos enamorar y mantener al ser amado. Esa atracción implica –como en el cuento antes narrado– la atracción sexual.[18]

En nuestra sociedad, aunque ya no existe ese tipo de prácticas de "hechizos", se mantiene esta idea en el lenguaje popular y en las creencias de la vida cotidiana. Se parte de la idea, quizás como reminiscencia de antiguas tradiciones, de que una persona enamorada está como hechizada; es decir se tiene en cuenta la involuntariedad y lo irremisible de la situación. Dentro de nuestra mitología, Cupido hiere a los amantes. El símbolo del corazón herido por una flecha con los nombres de los enamorados se dibuja, se graba, como pequeño ritual individual para dar fe del estado en el que se está y del compromiso amoroso que se adquiere consigo mismo y con la persona amada.

LA TRANSFORMACIÓN DEL ENAMORAMIENTO IDEALIZADO

Este enamoramiento idealizado dura un tiempo más o menos largo, tras el cual: *a)* o concluye y con él la relacion amorosa; *b)* o se transforma.

En la medida en que el deseo que existe en el enamoramiento se satisface, se va pasando de un enamoramiento idealizado y fusional a un mayor contacto con la realidad y la propia individualidad. Dicho de otra forma, se va pasando de un estado de F a otro de mayor S. Empezamos a ver al amado o la amada también en aquellos aspectos que no nos gustan, y convirtiédolo de un ser divino a otro más humano.

1. El enamoramiento concluye; concluye la relación amorosa

Cuando desidealizamos a la persona amada observamos que ésta dista mucho de lo que eran nuestras fantasías, de lo que imaginábamos, de nuestras expectativas de relación. Nos damos cuenta de que tenemos valores muy diferentes, una visión del mundo que creemos incompatible. *Desaparece la magia*, la vibración de los cuerpos. Entonces deja de seducirnos. Nos desenamoramos.

Esto es lo más frecuente tras la mayoría de enamoramientos. Son vividos como una experiencia hermosa, intensa, pero fugaz. Es también lo que ocurre durante la adolescencia, donde se ensayan los caminos amorosos y se construye la propia identidad. *Muchos enamoramientos surgen para concluir.*

> ¿POR QUÉ TE ENAMORASTE EN ESE MOMENTO Y DE ESA PERSONA?

Habría que indagar en cada historia personal para que pudiéramos entender por qué en unos momentos de nuestra vida estamos receptivos/as para ello y en otros no, qué vemos en esa persona, qué queremos dar o recibir, si con ese nuevo vínculo queremos concluir algo de nuestra vida pasada, si queremos abrir posibilidades que antes no tuvimos, si se parece a alguien a quien no tuvimos acceso, si creemos detectar ahí la seguridad, la libertad, la creatividad, el juego, la obscenidad... O simplemente con ello experimentamos el sentirnos más mujer o más hombre, ser deseados erótica y sexualmente.

Y quizás, al poder vivir esos enamoramientos, concluyen o se desarrollan etapas personales; etapas en las que nos depreciábamos mucho y, al experimentar un enamoramiento mutuo, aumentamos nuestra autoestima o, después de un largo proceso de duelo con el corazón seco, reconocemos de nuevo nuestra capacidad para ilusionarnos, o quizás una breve experiencia amorosa y sexual nos permite descubrir o reconocer facetas nuestras desconocidas o relegadas.

A veces también hay quienes se enamoran para taponar el dolor de un duelo o despedida anterior no cerrada, y cambian una pareja por otra. Hay personas, que nunca se enamoraron de nadie ni se sintieron deseadas y amadas, que en algún momento se permiten finalmente vivir esa experiencia casi sin que importe a quién, como si fuera más importante el despertar de esa energía y la ilusión que el sujeto amado.

La adolescencia –las raíces se hunden en la infancia– es el período por excelencia de ensayo del proceso amoroso con conciencia del impulso sexual, de las emociones vividas y del deseo de vínculo y estructuración de pareja.

Cada enamoramiento de nuestra vida es una historia en sí misma. De ahí podemos aprender cosas nuestras: el cómo estábamos en aquel momento, qué encontramos de lo que andábamos buscando, qué nos ha gustado y qué no de esa historia; si es una historia concluida –tuvo su sentido y ya no lo tiene–, o inconclusa –queda pendiente algo.

2. El enamoramiento se transforma en una mayor consolidación del vínculo y desarrollo mutuos:

a)Dificultades en el tránsito:

Trascender el enamoramiento idealizado para dar paso a otro de estructuración de un vínculo, de compromiso, de contrato, supone una gran dificultad para ciertas personas, que se quejan de no poder/saber amar, o no poder consolidar una pareja. Las causas profundas habría que estudiarlas dentro de la historia personal de cada cual. Tan sólo quiero exponer aquí algunos de los comportamientos típicos:

– *Necesitar continuamente enamorar* de forma compulsiva. Cuando esto se ha conseguido, desaparece el interés –amoroso y sexual– por esa persona.

Hay una *búsqueda incesante de ser querida/o, o de reconocimiento social,* sobre todo en los varones, dado que supone "prestigio" dentro de la subcultura masculina. Incluso puede ser una manifestación de *hostilidad frente a ese sexo;* seducir para abandonar, para castigar.

– En otras personas, rota la idealización se busca de nuevo a alguien a quien idealizar. No se puede soportar la idea de la persona real. Se busca a alguien "perfecto/a".

– También quedan "enganchados" en el enamoramiento quienes no se atreven a vivirlo por *miedo a la pérdida de identidad, miedo a la fusionalidad.* En este caso el deseo queda permanentemente abierto, no satisfecho; por lo tanto sin posibilidad de transformación.

– Finalmente, suelen tener dificultades para mantener un vínculo afectivo tras el enamoramiento inicial quienes *no han hecho realmente un duelo con la pareja anterior.* Pueden haber roto la pareja –la convivencia y, aparentemente la relación amorosa–, pero no han roto el vínculo, no se han desenamorado y, por lo tanto, todavía no han hecho la "despedida", el "duelo" simbólico que supone concluir un episodio de nuestra vida para poder dar paso a otro.

b) Transformación en otra relación:

– Hay quienes, pasado el enamoramiento idealizado, estructuran socialmente una pareja –viviendo juntos, casándose– por automatismo, por rutina o por satisfacer las expectativas familiares, pero les falta la ilusión, proyectos o deseo sexual de una relación de amantes. Transforman la relación en otra que podría ser de camaradería, con más o menos afecto, o sencillamente es como si estuvieran *cumpliendo el mandato social.*

– Otro caso distinto es el de aquellas personas cuyo enamoramiento no es correspondido y, a pesar de todo, no desean romper la relación con la persona amada sino transformar el vínculo. La transformación ha de partir de la persona enamorada que ha de hacer un tránsito personal que conlleva un duelo, una despedida de sus fantasías amorosas e ir abriendo un espacio para una relación amistosa. Es un proceso de desamor.

c) Consolidación del proceso amoroso:

Cuando ha habido enamoramiento mutuo, pasado el período idealizado y fusional, y *a medida que el deseo se satisface, se transforma.*

Al igual que una buena fusión da lugar a un mayor contacto con la propia identidad, el enamoramiento idealizado da paso a un mayor contacto con la realidad. Se ama de otra forma, sin perder la individualidad.

Puede verse más el conjunto de la persona amada, incluso aquellos aspectos que no nos gustan pero que antes no habíamos podido percibir. *Apreciamos su personalidad diferente* a la nuestra o la nuestra diferente a la suya. Y, sin embargo, se le continúa amando o se le ama precisamente por eso.

Pero *hay que hacer un esfuerzo de transformación de ese amor y aceptación del cambio. Romper la idealizacion es*

*frustrante, pero es una frustración positiva para la evolu-
ción y consolidación del vínculo amoroso* en la realidad cotidiana. Al igual que cuando éramos niñas o niños. Un día
reconocimos que nuestro padre, nuestra madre o la gente a la
que queríamos, admirábamos e idealizábamos, no lo sabían
todo, no eran exactamente como creíamos o descubrimos
que algunos aspectos suyos no nos gustaban. Algo pareció
romperse. Y tuvimos que aprender a amarles de otra forma,
aceptando que eran como eran y no como queríamos que
fueran; creando a la vez nuestra identidad diferente de la
suya. Algo similar ocurre en el proceso amoroso de los
amantes.

Hay quienes hablan de amor para justificar miedos personales: a la soledad, a la inseguridad económica... y para justificar convivencias que nada tienen que ver con el amor del
que estamos hablando. Son las relaciones de rutina de interés
individual o mutuo; no hay deseo sexual, no se sabe de que
hablar y, por supuesto, el enamoramiento pasó a la historia.

Éste no es el amor de los amantes. Serían relaciones de
conveniencia perfectamente lícita cuando ambos estuvieran
de acuerdo, o relaciones amistosas en las que puede haber un
mayor o menor cariño.

En el amor de amantes profundo y consolidado, *las personas no dejan de estar enamoradas –sin idealismo– y no dejan
de ser amantes.* Hay ilusión, admiración por el otro/la otra *a
pesar de reconocer cosas que no nos gustan,* atracción, deseo
sexual, emoción, deseo fusional. Pero, y ésta es la diferencia,
no estamos todo el tiempo en la búsqueda de la fusión, sino
que *combinamos fusión y separación,* es decir, también podemos despegarnos del otro/a y ser *conscientes de nuestra propia identidad, vernos desde ella* y estar bien con nosotros/as
mismos/as. Nos desarrollamos desde la autonomía.

Estamos bien vinculados/as con el ser amado y a la vez podemos ver su realidad; diferenciamos nuestra individualidad de la suya y podemos respetar ambas.

En este momento del amor hay una *mayor serenidad,* pero no hay apatía, se puede *vivir más lo cotidiano* sin ser rutinarios, *se combina mejor la excitación y la relajación, la fantasía y la realidad, podemos abandonarnos al otro sin temer la alienación* y, por supuesto, *no se pierde la magia,* aunque no estemos conectadas/os con ella todo el tiempo como ocurría al principio.

Cuando la parte mágica, la vibración que existe entre dos personas se pierde, desaparece, también se desvanece el amor de amantes, que es una gran magia.

Se decide estar vinculados/as con esa persona. Por lo tanto, simbólicamente recontratamos día a día la relación amorosa. De ahí que sea una relación siempre nueva, fresca y original, como cada día, como el día a día de la vida de una persona. No quiere decir que la relación se cuestione cotidianamente. Eso nos deja inseguros/as, crea malestar y es un síntoma de dificultad de vínculo o miedo al mismo.

El recontrato cotidiano del vínculo es algo interno pero que parte de un contrato, implícito y mutuo, de amor y de confianza en la decisión de estar con la persona elegida. Y a la vez deseamos renovar, en el día a día, el vínculo consolidado y creativo.

Por supuesto, como todo en la vida, también la relación amorosa está sujeta a profundos cambios que tienen que ver con los cambios personales normales. A veces pasamos por períodos de gran deseo de fusionalidad, en otras ocasiones necesitamos consolidar más nuestra individualidad; lo que nos sedujo de la persona amada hace un tiempo puede dejar de seducirnos y seducirnos otros aspectos... Podemos cambiar y continuar amando. Amor y cambio no tienen por qué ser antagónicos sino, por el contrario, contribuir a la renovación y al enriquecimiento en una pareja.

Pero... ¿cómo poder amar sin permitirnos el abandono al otro/la otra? ¿Cómo amar sin tener conciencia de la propia identidad?

5. FANTASÍAS AMOROSAS, PRIMEROS VÍNCULOS Y GUIÓN DE VIDA

EL GUIÓN DE VIDA

A lo largo de nuestra vida muchas veces nos preguntamos acerca de nuestras relaciones amorosas, y no acertamos a explicarnos por qué se repiten con frecuencia esquemas que aparentemente no deseamos.

– ¿Por qué todos los hombres con los que me encuentro tienen pareja?.
– ¿Por qué tratan de dominarme?.
– ¿Por qué todas las mujeres que me interesan quieren casarse?
– ¿Por qué son tan dependientes?
– ¿Por qué son manipuladoras y agresivas?...

No es que todas las mujeres sean de tal forma ni todos los hombres de tal otra. Personas de ambos sexos pueden ser más o menos maduras, agresivas, tiernas, dependientes, autoritarias, etc.; las hay con pareja o sin ella, con diferentes ideologías y formas de entender las relaciones afectivas. Hay relaciones fáciles, complicadas, violentas o armoniosas, aburridas, creativas, etc.

Entonces, la pregunta que cabría hacerse es:

– ¿Y por qué, habiendo tanta variedad de mujeres y varones, siento atracción por determinados individuos, características de personalidad, características físicas, circunstancias personales... que parecen repetirse en mi vida?, ¿por qué *"me encuentro"* con esas personas y no con otras?, ¿Por qué mis relaciones amorosas discurren de tal forma?.

Aparentemente todo es casual, pero en realidad no lo es. Existe una especie de atracción hacia personas o situaciones que nos permiten colocarnos en roles, reproducir creencias y mantener un guión de vida. Se considera un *"guión de vida"* un plan basado sobre decisiones tomadas en cualquier estadio del desarrollo, que inhiben la espontaneidad y la flexibilidad en la resolución de los problemas y de las relaciones humanas (Pamela Levin).[19]

Para Eric Berne sería similar a una obra de teatro: "Se pueden considerar los acontecimientos más complejos de la vida como una obra de teatro que está verdaderamente representándose, dividida en escenas y en actos, con un ascenso dramático y un desenlace final".

"Al cabo de los años –señala Pamela Levin– podemos haber rechazado y olvidado el drama familiar sobre el que se apoya nuestro guión. Sin embargo, continuamos representando adaptaciones en nuestra vida cotidiana. Inspirados en lo que tenemos o no tenemos vivido en nuestra infancia, buscamos personajes que puedan mantener los roles que creamos."

Es decir, sentimos cierta atracción hacia personas o situaciones porque hemos "programado" un guión de vida o escenario del cual no somos conscientes. Y a su vez, el encuentro con esas personas o situaciones mantienen, refuerzan y reconfirman nuestro guión.

En la medida en que nos damos cuenta de ello podemos ver qué identificaciones hemos hecho, cuáles son los mitos, arquetipos, modelos adoptados; podemos cuestionarnos qué parte de nuestra manera adulta de pensar, sentir o actuar constituye un criterio personal elaborado o, por el contrario, reproducimos un programa familiar, social o de creencias a partir de experiencias y mensajes tempranos.

Estudiar el guión de vida ayuda a conocer aspectos de nuestra personalidad que se plasman, entre otras cosas, en la manera como vivimos los vínculos amorosos y lo que introducimos en esa dinámica como características nuestras, y a partir de ahí cuestionarnos lo que de esos guiones podemos adaptar para nuestra vida o lo que quisiéramos cambiar porque nos está perjudicando.

En los primeros años adquirimos lo que será la base de la estructura de nuestra personalidad. Durante el proceso de socialización *aprendemos a desarrollar unos valores y roles y fantaseamos que gracias a ellos seremos más queridos/as y tendremos el reconocimiento de la persona amada.* De esta manera se empiezan a crear y estructurar vínculos afectivos. *Los primeros vínculos se establecen con las figuras parentales* –sobre todo madre/padre– que son las primeras personas amadas, configurando a través de esas primeras relaciones los futuros vínculos y más adelante desplazando nuestro impulso amoroso hacia fantasías de vínculos amorosos con otras personas –parejas amorosas.

En ese proceso niñas y niños imaginan que tienen que ser sumisos/as, valientes, desconfiadas/os, juguetones/as, etc. Incorporan así valores y comportamientos como la valentía, la dependencia, la sumisión..., o sentimientos como el miedo, la cólera, la tristeza, la alegría. O actitudes frente a la vida como el masoquismo, la confianza o desconfianza frente a los demás. Y así se consigue en nuestro imaginario ser amados/as. También se dan casos en que el niño o la niña no creen ser amados, desarrollando actitudes de autodepreciación, autocompasivas y de marginación. Sin embargo, esas mismas actitudes autocompasivas pueden utilizarse como una forma de atraer al otro/la otra a través de la lástima y la compasión (fantasía de vínculo: "vendrán a compadecerme", "se fijan en mí porque doy lástima").

Algunos de los comportamientos, actitudes, identificaciones, etc. –inconscientes– que hacemos desde las primeras edades, tienen también cierto sentido *erótico*. No me refiero al erotismo como se entiende habitualmente, sino como erotismo generalizado, sensación de placer que se experimenta con las imágenes, el placer que supone imaginar establecer un vínculo con alguien, el ser amado/a. Es por eso por lo que se tiende continuamente a repetirlas, a fantasearlas.

¿Cómo podemos descubrir en la edad adulta nuestro "proyecto o guión de vida"? ¿Qué es lo que va a configurar ciertas características de personalidad y qué elementos eróticos van a pasar al acervo del psicoerotismo de cada cual? ¿qué orienta hacia determinada elección de pareja o de historia amorosa?

Evidentemente las experiencias personales y el cómo las percibimos son tantas que no podrían ser acotadas. Pero hay algunos aspectos que me parecen interesantes y que considero merecen atención y un tiempo de reflexión al respecto.

LOS MITOS, ARQUETIPOS Y MODELOS

1. Los mitos familiares

Los *mitos*, como resaltan Jennifer Barker y Roger Woolger[20] "forman el telar donde se teje la estructura de la familia, la tribu o la nación".

Cuando empecé a trabajar con el método de la "Fotobiografía" –que describiré más adelante–, me di cuenta de que, al igual que cada cultura, tradición o sociedad tiene sus mitos que la configuran, de igual manera existen en la estructura familiar, como pequeña sociedad que es, "mitos" que tienen incidencia en sus miembros. Más en concreto, cada persona re-crea sus propios mitos a partir de los mitos familiares. Una cosa es la narración del mito, y otra cómo cada cual lo percibe, desarrolla e integra para su vida.

Los mitos familiares hacen referencia, sobre todo, a los orígenes, a los antecedentes de la estructura familiar. Como si se tratara de las narraciones de los antiguos dioses, existen personajes buenos y malos, héroes/heroínas, déspotas, engañosos, valientes, que levantan la familia o la arruinan, trabajadores, vividores, locos, crueles, generosos, vengativos, orgullosos, cobardes... cuya vida podría muy bien ser el argumento de una novela.

Los mitos familiares son algo de valor reconocido aunque no se hable, están en la mente de todos y tienen un halo de misterio.

No hace falta una gran narración, bastan unos pocos comentarios sobre una historia, un personaje o incluso ciertos silencios –lo no hablado– para su elaboración.

Los mitos, al igual que los diversos mitos culturales, reflejan problemas internos muy profundos que tienen una resonancia para nuestra vida. Hay muchas elaboraciones míticas familiares que me he encontrado en relación con las guerras, la emigración, las peleas familiares a causa de envidias, celos, herencias... o con lo anormativo: el libertinaje, los nacimientos de origen dudoso, la locura, etc.

En los *mitos* aparecen *arquetipos*, personajes prototípicos universales de los que aprendemos diferentes *modelos* comportamentales y nos inspiran sentimientos diversos. Algunos de los mitos familiares más frecuentes hacen referencia a los orígenes misteriosos o dudosos de una bisabuela, un tatarabuelo, un abuelo; su vida, sus relaciones personales, su carácter.

Hay algo que nos atrae de esas historias y de esos personajes; cosas que nos producen una excitacion emocional y que constituyen *"elementos eróticos"*. Esos elementos eróticos se incluyen dentro del escenario de nuestras fantasías y forman parte de nuestra personalidad como elementos que nos seducen, por lo que, de una u otra forma aparecen también reflejados en nuestros vínculos amorosos.

Hace algún tiempo, trabajando sobre las fotografías de su vida –"Fotobiografía"– una mujer me comentó que en realidad su apellido era falso. *Todo partió de un bisabuelo o tatarabuelo –no lo sabía a ciencia cierta–. Durante la guerra "¿carlista?" –mató a varias personas de su pueblo. Pero cuando la guerra acabó, formó parte del sector vencido, por lo que tuvo que huir. Cambió de ciudad. Hábilmente ocultó su verdadera personalidad trucando las letras de su apellido. Años después volvió al pueblo con su hijo, ufanándose de a cuántos había matado y dónde.*

A pesar de que aquella mujer consideraba a este personaje como un hombre que debió ser terrible, descubrí que había una cierta excitación y placer en su manera de contar la historia y de hablar de su lejano pariente.

"–Creo que en este "mito" hay ciertos elementos eróticos que están presentes en tu vida e incluso en tu profesión: la habilidad para ocultarse, y el exhibicionismo–, comenté a aquella mujer.

"–Es cierto –respondió ella–, pero todavía hay más elementos eróticos en la historia de mi abuelo (¿era su hijo o quizás su nieto?). Continuó la historia:

"–Mi abuelo toreaba en el extranjero, sólo con un slip y todo el cuerpo pintado de oro. –¿qué culpa tengo yo de ser tan guapo?– decía, disfrutando de su exhibicionismo.

"–Se hizo novio de mi abuela. Ella era muy clásica. Tal y como se hacía en la España de aquella época, hablaban sentados en sillas a la puerta de la calle. Y mientras tanto, ella bordaba. Él le pidió que le enseñara y durante el tiempo que duró la relación de noviazgo, juntos hablaban y bordaban. Y él le bordó una rosa."

Este arquetipo podría ser el "loco simpático". *"Mi familia es de locos"*, decía esta mujer entre divertida y orgullosa de ello. En este caso, la locura estaba relacionada con la creatividad, lo anormativo, la exhibición, la diversión, lo extraño. Ésa podría ser la descripción de ella misma. Ha tomado esas características. La "normalidad" la asociaba al aburrimiento o la rutina; le divertían las historias complicadas. Su abuelo era su modelo arquetípico.

En la medida que esta mujer se siente bien con su vida, le divierte lo que hace y se siente creativa, podríamos decir que ha hecho una buena adaptación de ciertos elementos del guión. Pero hay riesgos si no es consciente de la seducción de ese guión. Hechizada por las historias y personajes complejos, no había sabido distinguir que hay "historias complejas" que son divertidas y las hay que no lo son y conllevan altos riesgos, tanto psicológicos como físicos. De ahí que su elección de pareja fue también una historia compleja y divertida, pero a la vez truculenta, de tal modo que pudo llegar a ser dramática para ella y acabar en prisión.

2. Los arquetipos

En las mitologías existen figuras arquetípicas: dioses, diosas., héroes, brujos, magas, príncipes... Los mitos con sus representaciones arquetípicas nos muestran formas de comportamiento para nuestra vida cotidiana. Representan la virginidad, el amor, la lucha...

Las representaciones arquetípicas son figuras universales con las que nos identificamos en determinados momentos o períodos de nuestra vida. A veces adoptamos un arquetipo, a veces varios al mismo tiempo.

Los arquetipos recuerdan las que en Psicosíntesis se llaman *subpersonalidades,* esas diferentes partes de nuestra personalidad que aparecen en armonía, o luchando entre sí, o dominando, como ocurría entre los dioses y diosas del Olimpo. Haciendo un paralelismo, las subpersonalidades son a nivel personal lo que los arquetipos son a nivel transpersonal.

Los arcanos del tarot, por ejemplo, representan figuras arquetípicas con las que nos identificamos. Un ejercicio proyectivo de autopercepción que a veces realizo en los grupos es extender esas figuras sobre el suelo y pedir que la gente las mire y escoja aquélla que le atraiga o le llame la atención a primera vista. Algo le atrae de esa representación. Luego se presenta al grupo a partir de la identificación que ha hecho con la misma.

3. Los modelos parentales

Nuestra madre y nuestro padre son vividos como figuras arquetípicas muy importantes en la niñez. Son las figuras que tenemos más próximas, nuestro modelo de vínculo amoroso a partir del cual captamos toda una serie de mensajes explícitos o implícitos.

¿CÓMO PERCIBÍAS A TU PADRE Y A TU MADRE EN TU INFANCIA?

(Si tuvieras que definirlos en pocas palabras, ¿qué destacarías de ellos?: su autoritarismo, bondad, inteligencia, rigidez, independencia, religiosidad, coherencia, autonomía, optimismo, visión negativa de la vida...)

• ¿CÓMO CEES QUE SE SENTÍAN CON EL HECHO DE SER MUJER O VARÓN? (¿Aceptaban o rechazaban su sexualidad?)
• ¿QUÉ OPINIÓN TENÍAN DEL OTRO SEXO?
• ¿CÓMO ERA LA RELACIÓN ENTRE TUS PADRES? (¿Fría, cálida, respetuosa, agresiva...?)
• ¿CÓMO ERA SU RELACIÓN CORPORAL?: (¿Había contacto físico: besos, abrazos, caricias...? ¿No había contacto físico, el contacto era distante y frío, había golpes...?)

Las figuras materna y paterna son importantes en la sociedad occidental de familia nuclear y por regla general constituyen los primeros modelos o modelos base. Son nuestros primeros modelos de los que 'aprendemos lo que es ser mujer o varón, por qué es importante –o no– serlo, la actitud frente a nuestro cuerpo sexuado, cómo se mantiene un vínculo en la convivencia, qué se hace para ser amada/o, para mantener la atención y el contacto afectivo, etc.

Además de estas figuras, existen también otras que complementan, refuerzan o contrarrestan los modelos de la madre y el padre biológicos. Incluso pueden aparecer como figuras de maternaje/paternaje sustitutorias de los mismos.

Esto es muy importante tenerlo en consideración porque con frecuencia los trabajos psicoterapéuticos se centran casi con exclusividad sobre el padre y la madre biológicos –reproduciendo a su vez los valores de la familia nuclear– teniendo poco en cuenta el valor decisivo de otras figuras que aparecen paralelamente o inciden a lo largo de nuestra vida. Tradicionalmente ha sido así en algunos pueblos o incluso en la sociedad occidental, como por ejemplo la figura del "ama de cría" o "de leche" con la que en ocasiones se establecía un vínculo mayor que con la propia madre; o la costumbre de aligerar el trabajo de la madre dejando a algún hijo o hija al cuidado de la abuela o la tia. Ahora que la familia nuclear está en crisis, es más evidente que el sistema familiar ha quedado ampliado y, con él, la apertura de modelos –y de vínculos– tal y como se utiliza en el encuadre sistémico.

> ¿CUÁLES HAN SIDO LAS FIGURAS DE MATERNAJE Y PATERNAJE EN TU VIDA?

En mi caso, por ejemplo, a pesar de haber vivido en una familia nuclear, he tenido como modelos paralelos tres figuras maternas y dos paternas. Todas ellas de gran importancia en mi vida. Mis modelos maternos fueron: mi abuela paterna, mi tía paterna y mi madre. Los paternos fueron: mi abuelo paterno y mi padre.

Lo primero que puede verse es que existe una mayor identificación con la familia paterna que con la materna y por lo tanto cabría pensar que comparto ciertos valores y formas de comportamiento de los mismos. Cada personaje representó para mí diferentes arquetipos.

Abuela: representó una imagen de madre y esposa.

Tía: era la esposa y madre.

Madre: era en primer lugar la figura de amante que sacraliza al amado y se entrega a él.

Abuelo: representaba la inocencia y la complicidad en el juego y la aventura.

Padre: era la figura de padre y amante que sacraliza a la amada.

Algunos de los valores que se repiten en estos modelos son: la fidelidad hacia la gente amada, la solidaridad entre los miembros de la familia –el endogrupo–, el autodidactismo y el contacto corporal, entre otros.

En general, las características que nos atraen de los modelos, la forma en que vemos que se vinculan entre sí y como se relacionan con nosotras/os forman parte de los "elementos eróticos" que nos producen placer o excitación y que aparecen asociados a emociones: tristeza, alegría, miedo, cólera y a personajes afectivos con los que –de hecho– estamos vinculados/as.

En el caso de que la relación entre los padres sea, por

ejemplo, de pelea, entonces es fácil reproducir en la edad adulta una cierta excitación por la discusión como si ello supusiera la garantía de que existe un vínculo, al margen de que lo asociemos al miedo, la tristeza o la cólera.

IDENTIFICACIONES Y RECHAZO DEL MODELO

Una parte de nuestras características de personalidad y nuestro guión de vida se estructura mediante identificaciones con los modelos de las figuras parentales, por el contenido afectivo y de vínculo que conllevan.

La identificación se manifiesta bien por la copia de ese modelo o características del mismo o por su identificación con el opuesto. Unas veces porque adoramos a ese personaje, otras porque lo odiamos; unas veces porque estamos más en la fusión –queremos ser como el modelo–, otras porque estamos más en la separación –queremos demarcarnos de él, mostrar nuestra diferencia.

Ejercicio:

Haz en un papel el siguiente cuadro:

	Lo que más me gusta	Lo que más me molesta
PADRE		
MADRE		
MI PAREJA		
YO		

En cada una de las casillas pones todo lo que se te ocurra de tu padre, de tu madre, de ti misma/o y de tu pareja, si la tienes. Por ejemplo: su autoritarismo, es graciosa, miedo frente a los problemas, la alegría, perezosa, etc.

Este ejercicio puede darte muchas pistas:

1. ¿Qué reproduces en tu comportamiento de las características de tu padre o de tu madre?, ¿te defines por oposición a ellos?

2. ¿Eres consciente de que lo que no te gusta de ti puede ser una "copia" de alguno de ellos que no te conviene? (Si te conviniese te sentirías feliz. Si no es así, es una copia que debes cambiar de tu guión.) ¿Quizás te molestan esas características tuyas porque te comparas y sales perjudicada? Por ejemplo: tu madre es ordenada y eso te gusta de ella. Tú eres desordenada y no te gusta. ¿Por qué no te gusta? Es posible que porque te comparas a ella. Pero seguramente el orden forma parte de los valores de tu madre y no es algo prioritario para ti, por eso no eres tan ordenada como ella . El orden de prioridades es distinto.

3. Si tienes pareja, ¿en qué medida buscas que se parezca a tu padre o a tu madre, o se diferencie de ellos?

4. Puedes ver también si las características que has puesto en relación con tu padre y tu madre responden a roles "femeninos" o "masculinos". Apunto algo más de ello en el apartado siguiente.

LOS ROLES SEXUALES

Las personas podemos desarrollar todas nuestras posibilidades comportamentales, pero desgraciadamente tendemos a comportarnos de acuerdo a determinados roles aprendidos en cuanto a la subcultura femenina o masculina a la que pertenecemos, en razón al género.

Hay roles que se consideran femeninos y otros masculinos, y esta división crea innumerables problemas a los individuos, tanto si la respetan como si no. En el primer caso, las personas se sienten divididas e incompletas –"los hombres no pueden llorar", por ejemplo–; en el segundo son susceptibles de rechazo social por infringir lo normativo.

Algunos de esos roles tienen una adscripción clara a lo que se considera lo "masculino" o lo" femenino", otros son más ambiguos. Pero lo que es realmente importante es que al interiorizar este sistema dicotómico, cada persona hace asimismo su propia dicotomía.

Ejercicio:

1. ¿Qué es para ti la masculinidad?
Medita unos instantes sobre ello y escribe brevemente en un papel lo que se te ocurra, sin justificarlo ni explicarlo.
2. ¿Qué es para ti la feminidad?
Medita unos instantes sobre ello y escríbelo en un papel de la misma manera que lo anterior.
3. ¿Cómo se plasman esa masulinidad y esa feminidad en tu vida?
Escríbelo.

Fíjate si, en general, tiendes a reproducir más roles "femeninos" o "masculinos" en tu vida cotidiana y cómo es tu percepción de "lo masculino" y de "lo femenino".

Ejercicio:

Volviendo al ejercicio anterior en relación a tu padre y tu

madre. Fíjate en las características, tanto las que has considerado positivas como negativas de ellos. Repásalas una por una, vg.: desorden, alegría, diversión, autoritarismo, fuerza de voluntad, agresividad, etc. Pon al lado de cada una de ellas una M si te sugiere "masculino" o una F si te sugiere "femenino". No lo razones. Es lo primero que se te ocurra; haz una asociación rápida.

Podrás observar que a veces consideramos a nuestro padre mayormente "masculino" o por el contrario "femenino".Y eso es lo que valoramos o rechazamos en él. Igual ocurre con nuestra madre. (Puedes ampliarlo a tus propias características y a las de tu pareja.)

A veces nos sorprendemos de que lo que valoramos de nuestra madre es su parte "masculina", o que nuestro padre es muy "femenino" –como si fueran roles invertidos–. O consideramos que sus roles M y F están integrados, o reproducen los roles M y F sociales. Y eso nos gusta o nos molesta, y sin embargo, tanto en un caso como en el otro, nos vemos copiando el modelo de comportamiento.

PROYECTO DE VIDA DE NUESTROS PADRES Y EXPECTATIVAS SOCIALES

> • ¿CUÁL FUE EL PROYECTO DE NUESTROS PADRES EN TORNO A SU PROPIA VIDA Y QUÉ PROYECTOS TUVIERON RESPECTO DE LA NUESTRA?
> • ¿CUÁL ES EL PROYECTO SOCIAL QUE SENTIMOS COMO LA EXPECTATIVA A CUMPLIR?

En relación al proyecto de vida se nos envían continuos mensajes sobre las mujeres, los hombres, el sexo, el amor, la familia, el trabajo, la dependencia/independencia, la agresividad, etc. Unos son explícitos: "¡junta las piernas!", "todos los hombres quieren lo mismo!".

Estas frases que frecuentemente se dicen a las niñas y adolescentes conllevan el mensaje de que los hombres son malos, peligrosos, ¡atención!, ¡cuidado!, hay que protegerse, temerles... Otros quedan implícitos ("nunca oí a mis padres hablar de sexualidad en casa ni besarse delante de mí". Mensaje: el sexo es un tema tabú, no hay que hablar de ello, no está bien).

EXPERIENCIAS TEMPRANAS

Experiencias que hemos vivido muy tempranas, o durante el nacimiento o incluso en la vida intrauterina, seguramente pueden ser la causa de ciertas creencias. Por ejemplo: "no merezco ser amada/o" aparece como creencia en el trasfondo de personas que creen tener mala suerte en los afectos. También suele aparecer cuando tienen la creencia de que no fueron un bebé deseado.

Cuando no somos conscientes de esta creencia, que constituye en sí misma un guión de vida, fácilmente reproducimos situaciones en donde nos colocamos de tal manera que *hacemos que la creencia se cumpla y de este modo la reconfirmamos*. Una persona que en el fondo de sí misma siente que no es merecedora de amor, no va a aceptar emocionalmente –sí racionalmente– que puede ser querida. O, previsiblemente, va a tener dificultades para vincularse. Cuando le expresan el amor, difícilmente lo cree. E inconscientemente provoca rupturas corroborando su creencia original.

LAS EXPERIENCIAS A LO LARGO DE NUESTRA VIDA

En fin, cada persona ha vivido muchas experiencias a lo largo de su vida que pueden estar condicionándola y condicionando sus vínculos. Experiencias que hemos olvidado y que permanecen en el inconsciente o que recordamos porque estaban dotadas de gran contenido emocional. Muchas de ellas son experiencias que guardamos en el más absoluto secreto y que nunca, ni nuestra familia ni nadie, hubiera podido imaginar. Hechos importantes o anodinos, pero que adquieren un sentido particular para la persona.

Una mujer que tendía a vincularse con hombres a los que protegía por su supuesta debilidad, recuerda cómo de niña le encantaba escuchar un serial radiofónico durante el cual se conmovía y lloraba mucho al oír la voz del locutor. Le producía mucha tristeza porque lo sentía desvalido. Sentía compasión.

FANTASÍAS AMOROSAS Y PROYECTO DE VIDA

Desde la infancia vamos elaborando todo lo que supone el vínculo afectivo. Estudiar el vinculo afectivo implica explorar qué mecanismos utilizan las personas para ser amadas, reconocidas, valoradas, y en qué medida sus comportamientos y actitudes favorecen su desarrollo humano o lo obstaculizan, permiten la comunicación o la entorpecen, las hace sentirse más felices o, por el contrario, desgraciadas.

También se estudian qué fantasías se tienen o se han ido estableciendo en relación al amar y ser amado/a durante la infancia y a lo largo de su vida, cómo se expresa en su búsqueda afectiva, cómo vive las sensaciones amorosas, en qué lugar se coloca frente al otro o la otra (de igual a igual, se inferioriza, trata de proteger...), qué consecuencias podrían derivarse del hecho de reproducir o adaptar sus fantasías a la vida cotidiana adulta.

1. La historia favorita

Uno de los ejercicios que utilizo para explorar el amplio universo afectivo son las "historias de amor favoritas". Éste es una adaptación de otro ejercicio: "historias favoritas", que en su día me pareció muy interesante.

Ejercicio: "mi historia favorita"

1ª. parte:
Describe brevemente *tu historia favorita* hacia la edad de cinco años.

Puede ser cualquier historia, fragmento (real, contado, fantaseado) de un cuento, canción, etc. Tómate un tiempo para recordarla y luego escríbela brevemente sobre un papel.

Una vez la hayas escrito contesta a estas preguntas:

P. 1: ¿Quién soy yo en esta historia?

(Con qué personaje de tu historia te identificas. Puedes ser un niño, una niña, un adulto, una persona vieja, una casa, un árbol, un animal...)

P. 2: ¿Cómo es la sexualidad del personaje?

(Los roles sexuales del personaje segun tus fantasías de entonces. Por ejemplo: si te hubieras identificado con Cenicienta, ¿te la imaginabas activa, pasiva, agresiva, sumisa...? La actividad, pasividad, agresividad, sumisión...¿es más considerado un rol femenino o masculino?)

P. 3: ¿Cómo conseguía ese personaje ser amado?

(¿Cómo fantaseabas, imaginabas que iba a ser querido el personaje si era valiente, desconfiada, bueno...?)

P. 4: ¿Cuáles son los sentimientos preferidos del personaje? (¿La tristeza, la alegría, el miedo...?)

2ª. parte:
Describe tu *tu historia favorita* hacia los doce años.
Igualmente, cuando termines, contesta a las mismas preguntas anteriormente formuladas.

3ª. parte:
Describe tu *tu historia favorita* de este último año (la película, novela...que más te ha gustado, o una historia real que te haya ocurrido, o contada...)
Responde posteriormente a las mismas preguntas.

4ª. parte:
Reflexiona ahora sobre estas tres historias favoritas de tu vida y contéstate estas nuevas preguntas:
P. 5: ¿Dónde estoy yo en estos momentos?
(Fíjate en si hay una línea de continuidad entre las tres historias y trata de situarte en estos momentos de tu vida en relación a tu pasado.)
P. 6: ¿Cuál es mi sexualidad hoy? ¿Qué es lo que me conviene o no de esa sexualidad?
(Hasta qué punto es bueno para ti. Ejemplo: ¿me va bien ser tan desconfiada, pasiva, tratar de ser continuamente valiente...?)
P. 7: ¿Qué cambiaria de mi forma de vincularme?
(¿Estoy pagando algún "precio" para que me amen?)
P. 8: ¿Qué es lo que puedo integrar de los sentimientos preferidos de los personajes?
(Mira las contestaciones a las P. 4. Cómo reproduces esos sentimientos en tu vida y qué es lo que te va bien y lo que no.)

La "historia favorita" me ayudó mucho a entender la relación que existía entre los vínculos afectivo/amorosos (y los

componentes eróticos que se daban), las fantasías infantiles y la reproducción de esquemas.

Empecé a utilizar este ejercicio tanto en los grupos como en las sesiones clínicas individuales.

2. La historia de amor favorita

A partir de la experiencia ideé otro: "mi historia de amor favorita". Me parecía más fácil de comprender que el primero y podía verse de una manera más concreta la relación que existe entre las fantasías infantiles, la elección de pareja real que se ha establecido y la dinámica del vínculo.

Ejercicio: "mi historia de amor favorita"

Este ejercicio consta de tres partes. Tómate un tiempo para reflexionar sobre tu vida. A continuación escríbelo.

1ª parte:
Describe *cuál era la historia de amor sobre la que fantaseabas durante tu infancia, hacia los cinco o seis años* (o la historia más antigua que recuerdes).

(Sé que puede resultarte difícil recordar en estas edades, pero aunque de adultos creamos que en la infancia no teníamos fantasías amorosas o no desarrollábamos la imaginación en este sentido, es un error. Ya desde muy pequeños/as estamos interiorizando del mundo que nos rodea, los valores y los roles sexuales, así como las formas en que se pueden establecer relaciones afectivas/amorosas).

Es posible que no recuerdes las historias, las imágenes con las que más te recreabas o que más despertaban tu curiosidad o te producían placer. En todo ese proceso pudiste haberlas reprimido, censurado.

Trata de recordar hacia esas edades algún hecho de tu vida: si ibas al colegio, tus amiguitos, tus juguetes... (quizás te ayude a resituarte). Quizás te sentías "enamorada/o" (aunque no utilizaras esa palabra) de alguien, si te gustaba alguien (los primeros amores surgen a edades muy tempranas aunque de adultos no se recuerde o teman reconocerlos en sus hijos/as), o si oíste contar alguna narración, acontecimiento, historia que te gustaba, te atraía o simplemente te parecía especial... un cuento, una canción, una película, algo que te ocurrió o deseabas que ocurriera, o algo que te producía tal placer, tal emoción, que podrías calificar de "amoroso".

Luego, escríbela.

2ª parte:
Observa cómo transcurrieron los años desde tu infancia a tu adolescencia.

Piensa en tus fantasías amorosas hacia los *doce años*: qué persona o personas te gustaban, cómo pensabas que se daría el encuentro amoroso, cómo os conoceríais, cómo sería (o era) la otra persona, qué te diría, qué responderías tú, si aparecían tus padres en la historia, si éstos y/o la sociedad estarían de acuerdo con vuestra relación, si pensabas en la profesión de la otra persona, su carácter... si pensabas en casarte, tener hijos/as... O al igual que en el caso anterior: si había una novela, película, narración... especialmente importante para ti.

Descríbela.

3ª parte:
Continúa meditando sobre tu vida. Deja que pasen por delante de ti los años desde la adolescencia a la actualidad.

l. ¿Cuál es tu realidad actual? ¿Estás casado/a, soltera/o, tienes pareja (estable, variables), hijas/os?...

2. ¿En qué se parece tu realidad actual a tus fantasías de la infancia y de la adolescencia? ¿Y en qué se diferencian?

3. ¿Continúas valorando las mismas cosas? (Por ejemplo: que en tu vida haya aventura, riesgo, que predomine la tranquilidad, que haya orden, tener una posición económica acomodada y estable, la marginalidad, la fidelidad, el valor...)

4. Las características de tu pareja y tus sentimientos y comportamientos, ¿tienen puntos de coincidencia con tus fantasías de la infancia y adolescencia? ¿Y la dinámica de la relación?

5. ¿Qué te falta en la actualidad para encontrarte bien en relación con tus necesidades afectivas?

6. ¿Cuál es la historia de amor que te gustaría vivir y por cuánto tiempo? (Se puede desear una aventura corta, una relación estable...)

●

Ejemplos y comentarios

He recopilado algunas respuestas de clientes y de participantes de grupos. Tan sólo subrayaré ciertos aspectos repetitivos en las historias que pueden ser fácilmente observables.

– VARÓN (45 años, administrador, separado y sin pareja actualmente):

Mi historia favorita a los 5 años aproximadamente:

"Estamos en la playa. Yo tengo 4 años. Juego con una amiguita de esa misma edad, con moldes en la arena. Ella tenía una hermana más grande que jugaba con mi hermana. Mi amiga era linda y de piel suave. Nos cubríamos con arena. Eramos casi novios. Cuando se iba a cambiar detrás del toldo de la carpa, yo la espiaba y la veía desnuda, sacándose la arena de sus agujeritos. Yo disfrutaba mucho esa escena que se repetía diariamente."

Mi historia favorita hacia los 12-13 años:
"La historia preferida era la de la película: *Scaramouche*. Mi héroe era un espadachín justiciero y se escondía en el personaje de un bufón y amaba a dos mujeres de dos mundos diferentes. Una era plebeya, sensual, fuerte. La otra era noble, hermosa, delicada, débil. Yo me sentía mi héroe y amaba a ambas pero, como "tenía que haber una definición", *me quedaba con la hermosa, joven y débil noble.*
Esta película la vi cinco veces en aquella época."

Mi historia actual:
"Mi situación actual es de separado, viviendo solo, *por haber querido incluir en mi contrato matrimonial la incorporación de otras relaciones sentimentales,* cosa que ella no aceptó.
No se parece en nada a mi situación infantil. Tal vez sólo que la amistad, hoy, para mí sigue siendo básica en una relación sólida. Sí se parece a la situación adolescente, pues ya entonces sentía y pensaba que una sola mujer no satisfacía todas mis necesidades amorosas. Todos mis aspectos requieren más de una mujer (hasta hoy) para relacionarme madura y profundamente.
Lo que pensaría en mi realidad actual es encontrar una o dos mujeres con quienes compartir, sin convivencia permanente, mi vida afectiva. Es preciso que ellas también se conozcan y se aprecien, y que a su vez puedan tener otras relaciones, pero que no se mezclen con nuestra *relación triangular.* Necesito encontrar a alguien (una o más, repito) que desee amor con un contrato que se renueva (o no) todos los días. Dónde vivir y amar es un riesgo, un placer, un desafío cotidiano.

Una historia de amor que me gustaría vivir es ir a España conocer ahí dos mujeres así, a quienes amar, y viajar durante dos meses con ellas recorriendo Europa. Luego la vida dirá."

<u>*Comentarios*</u>:
Siempre aparecen dos mujeres en su vida.

●

– MUJER (médica, soltera, con pareja):
En mi infancia:
"Yo soñaba con el príncipe azul, que *para poder estar juntos tiene que hacer un montón de pruebas terribles* y que cae bajo el encantamiento de una bruja malísima que sabe que estamos enamorados. Un día en el que yo paseo por el campo encuentro un precioso animalito que me llevo a casa. Le cuido, le mimo, somos inseparables, y un día entro en mi habitación y está él. Yo me quedo sin aliento. Me aferra, me besa y luego me cuenta todo lo sucedido. *Nos casamos y somos felices.*"

En mi adolescencia:
"Mi amor de adolescencia siempre lo soñaba *apasionado, terrible, tumultuoso, y a la vez inmenso.*

Era un hombre alto, fuerte, con una mirada profunda (un duro de película, pero tierno y dulce conmigo). A su lado no tenía miedo, estaba segura. Sin embargo, era un 'amor imposible'. (Era toda una película donde ambos, los dos, teníamos que luchar contra nuestras respectivas culturas y familias (tipo Romeo y Julieta). *Todo era lucha y pasión.* El final también era un final feliz. Nos escapamos, huimos, y nos vamos lejos, muy lejos, donde nadie nos conoce y vivimos juntos y felices en un paisaje paradisíaco."

En la actualidad:
"En la actualidad vivo con un hombre desde hace dos años y medio. Me encuentro a gusto con él. Y ahora diría que estamos en el momento del amor. Hemos vivido unos momentos de fusión muy intensos.

Se parece a mi amor de adolescencia en su *fuerza y sen-*

timiento de seguridad que me produce, aunque a lo largo de estos años también hemos ido descubriendo que estamos bien con y sin el otro.

No se parece al de mi adolescencia, en que es un hombre eminentemente práctico. Yo soy la soñadora. Pero en el mundo de la sexualidad, *sí es un aventurero,* me sobrepasa.

Es un hombre coherente.

Se parece al hombre de mi infancia. Quizás en lo que se parecen ambas historias es en que es *capaz de jugársela por mí.*

Me falta, creo, consolidar el momento o el estilo de pareja que hemos elegido.

La historia amorosa que me gustaría vivir, yo diría que la estoy viviendo, la tengo con él. Hacemos una vida amorosa muy variada y, a raíz del curso que estoy realizando, estoy aprendiendo a exteriorizar mis fantasías sin miedo, sin control. A veces somos unos aventureros, otras veces somos una pareja muy convencional, otras veces tenemos que luchar por el otro. No sé, yo ahora me siento bien, lo que deseo es continuar con ello".

Comentarios:

En esta mujer, la lucha y el riesgo son elementos eróticos, al igual que determinadas características de personalidad del varón (ser aventurero, arriesgado y tierno con ella).

●

— VARÓN (30 años, psicólogo, soltero, en pareja):

En la infancia:

"Y había un oso, un *oso* negro de peluche, y una *oveja.* Me gustaba *verlos juntos.* Mucho no entendía."

En la adolescencia:

"Viajaba yo con mi abuelo a tierras lejanas, donde conocí a una prima con la que infantilmente jugábamos, revolcándonos no tan infantilmente, con la *inocencia* y el descubrimiento de lo que es el *despertar sexual.*"

En la actualidad:

"Es una historia de amor; la siento inmensamente estable, apoyado en un afecto creciente, transparente, envolvente. Es una historia de encuentro de mil facetas y reencuentros. Y al mismo tiempo es una búsqueda. Búsqueda tranquila, con tiempo, busqueda rugiente y ardiente al mismo tiempo. ¿Qué más contar de mi historia de amor? Amo y me siento amado, me siento feliz enamorado.

Respecto a mi historia infantil siento que me sigue gustando *el compartir, el juntos* de mi historia, donde no entendía y, a diferencia de entonces, ahora entiendo. Me siento identificado con el oso (ahora recuerdo que aún lo tengo en casa).

De mi historia adolescente rescato el *jugar,* que en mi relación actual es fundamental. Y también el *descubrir la sexualidad* en forma diferente, con un encuentro nuevo. He perdido la *inocencia.*

Deseo más tiempo, quizás un viajar juntos.

La historia que quiero vivir es la actual, sin límites de tiempo."

Comentarios:

Para este hombre (oso) tiene importancia la idea de compartir combinando el rugido, la sexualidad, la pasión amorosa (oso), con la tranquilidad, la inocencia, el afecto (oveja).

●

Recojo otros ejemplos –fragmentados–, destacando la relación de las primeras fantasías con la vida actual:

– Una *mujer* acude, muy deprimida, a mi consulta. Tiene una autoestima muy baja. Se siente rechazada por todo el mundo. En la actualidad se ha vinculado con un varón con hijos e hijas por los que se siente rechazada, y en ocasiones humillada. Eso le produce tristeza (llora frecuentemente) y a la vez cólera (se contiene, pero de vez en cuando explota y eso luego la hace sentirse culpable).

Su historia favorita en la infancia la describe así:
"El *patito feo* nace en un corral de gallinas. Su madre es una gallina. Le quiere mucho porque es su hijo, pero *él no es como los otros* patitos de la granja. Todos se burlan de él porque es diferente. Él no sabe por qué los demás *no le quieren, no le aceptan. Muy triste y desconsolado* se va a correr mundo para hacer amigos. Pero *siempre le pasa lo mismo.* Finalmente se hace mayor. Un día, nadando en un lago, descubre en el reflejo del agua que es un cisne como los otros que hay en el lago, a los que tanto admira porque son bellos."

Comentarios:
Esta mujer se identifica con el "patito feo". Se siente fea y rechazada. Sabe que puede ser hermosa y a veces se arregla –se maquilla, cambia su indumentaria– y se "transforma"; pero todavía no cree que es un cisne y adopta actitudes de automarginación.

●

Hay mujeres que acuden a la consulta quejándose de falta de deseo sexual o dificultad en el orgasmo. Nunca se han masturbado o no desean hacerlo. Es frecuente encontrar en algunas, que el cuento de "La Bella Durmiente" era su historia de amor favorita en su infancia. De alguna manera, inconscientemente, esperan que su deseo o placer sexual surja a raíz de alguien que las despertará y mantienen actitudes de dependencia sexual y un rechazo a ser más autónomas sexualmente.

Hay varones agobiados por su expectativa de ser valientes, prepotentes, arriesgados, incansables, justicieros... como

"Supermán", "El Capitán Trueno", "El Guerrero del Antifaz" y otros tantos superhéroes de su infancia. Y como consecuencia se sienten frustrados en su vida porque en la práctica tienen miedo, se encuentran fatigados ... y no pueden desempeñar los roles de sus personajes que de alguna forma continúan constituyendo un modelo.

Otra dificultad que suelen tener algunos varones es para amar, en tanto en cuanto esos personajes masculinos priorizan otros valores como la lucha antes que el amor (a diferencia de los cuentos para niñas). O bien tienen dificultad para crear otro vínculo de pareja diferente al modelo propuesto de las historias infantiles: protección a la chica, superhombre, ser activo todo el tiempo, etc. (Ver ilustraciones de las págs. 150, 151, 152 y 153.)

Estas "historias amorosas" se analizan en las sesiones, o en los grupos, de forma más compleja que los sencillos comentarios que aporto aquí, dado que tienen sentido en relación a la dinámica y estructura de vínculos de cada persona en particular. Es importante ver la relación que tiene la incorporación de valores y roles en las primeras edades y cómo se aplican, inconscientemente, las primeras fantasías a la realidad de la vida adulta. Se crean historias que repiten elementos de las fantasías infantiles, imaginando así ser amados/as como aquellos héroes o heroínas por su resignación (Cenicienta), por su valor (El Príncipe Valiente), por ser digno/a de lástima, etc.

Por el contrario, cuando somos conscientes de qué elementos eróticos forman parte de aquellas primeras fantasías, podemos aprovechar algunos para nuestra vida cotidiana, adaptándolos, ajustando nuestras necesidades afectivas y eróticas a la realidad que queremos vivir. Por el contrario, el no ser conscientes de esas fijaciones eróticas establecidas en la infancia/adolescencia puede causarnos problemas posteriores ya que de una manera repetitiva la persona se ve inmersa en situaciones o en dinámicas de relación que no desea –conscientemente–, pero que de manera inconsciente, como en un automatismo, tiende a "buscar" y a "colocarse" sin saber por qué.

Toda situación que se mantiene tiene algún "beneficio secundario" para el individuo que la mantiene. A veces esto es muy difícil de aceptar, porque en ocasiones sostenemos relaciones de dolor, de sufrimiento, y cuesta aceptar que podamos estar sacando algún beneficio.

Pero los hay. Quizás con ello nos vivimos como persona sufriente, incomprendida, oprimida, quizás llenamos con ello nuestro tiempo y nuestra vida por el miedo a romper una relación y quedarnos en el vacío afectivo, quizás...

De estas narraciones que se van contando, la más importante para el estudio clínico es la del *período infantil* porque es la que marca la pauta para el desarrollo posterior. Es, sin embargo, la más difícil de interpretar porque muchas de estas historias –de amor– favoritas no están estructuradas. Se recuerdan frases o trozos de canciones que implican vínculos afectivos, o la persona se identifica con animales, con objetos (vg.: una casa), con personas de otro sexo... y en general hay resistencias al hecho de recordarlas. Frases usuales ante la propuesta del ejercicio son: "no recuerdo nada", "no tenía ninguna fantasía ni historia de amor". Pero finalmente siempre se recuerda algo que abre una puerta al mundo "olvidado" de nuestra infancia y en días sucesivos permite asociar recuerdos que ayudan a reconstruir el pasado para comprender y cambiar pautas del presente.[21]

En la *adolescencia* es mucho más fácil recordar porque es

Nota: Ver textos al final de este capítulo.

cuando se empieza a tener clara conciencia amorosa a raíz de los primeros enamoramientos románticos, primeras experiencias sexuales y fantasías eróticas conscientes.

Generalmente, la historia de amor preferida suele ser una que va modificándose en sus circunstancias y en las de sus personajes. También pueden aparecer historias que son diferentes pero complementarias.

Lo que interesa de la historia amorosa que se vive en la actualidad (edad adulta) es si la persona se siente equilibrada afectivamente o no en su relación de pareja. En caso negativo, ver si, entre otras cosas, hay elementos eróticos de las fantasías infantiles y que determinen el malestar.

Puede ser que la persona que hace el ejercicio no tenga pareja en la actualidad o no la haya tenido nunca. Eso no importa; lo que importa son los mecanismos internos que tiene para establecer vínculos o su imposibilidad para establecerlos.

Nota a las ilustraciones de la pág. 151:
Arriba izq.: "Repara cuán felices son estos. ¿Y no nosotros no lo seríamos? Pues yo afirmo que así."
Arriba der.: "Mira; el «as de oros»; serás rico cual surtán de Persia, y te seguirán las jembras como rebaño de ovejas."
Abajo izq.: "El –¡Olé las mozas garridas con arrojo y con agallas! Con tan gentil enfermera ¿quien tiene miedo á las balas?"
Abajo der.: "¿Que las daré yo, Dios mio? Vamos á paso ligero para llegar al aduar y poderos demostrar lo que vale un artillero.

6. LA FOTOBIOGRAFÍA (FB)

Dentro de este apartado de fantasías, vínculos afectivos y guión de vida, incluyo también la *Fotobiografía* (FB). La FB es un método de investigación que creé en 1982. Se trabaja sobre las fotografías de nuestra vida. La persona, como un todo, presenta un conglomerado de aspectos, conscientes e inconscientes, que conforman su vida a todos los niveles y, por supuesto, su forma de vincularse, su vida sexual y amorosa. La vivencia de placer o displacer, la manera de percibirnos sexualmente, nuestras actitudes frente a la sexualidad, la forma de aproximarnos, de contactar –o, por el contrario, el miedo al contacto–, la forma de seducir, nuestras fantasías eróticas, la forma en que nos situamos en los vínculos amorosos, la percepción de uno u otro sexo, la identidad sexual, etc. forman parte del conjunto de experiencias vividas y de los mensajes verbales y no verbales que hemos incorporado a lo largo de la vida de forma directa o indirecta, explicitados o no. Los hemos ido interiorizando a través de los modelos parentales y de otros modelos de referencia, así como del entorno social y de las experiencias vividas, especialmente en períodos tempranos.

Las fotografías, más allá de lo que la persona diga conscientemente y sepa de ellas, *moviliza todo un mundo interior, reactualiza* vivencias muy antiguas, emociones, creencias;

permite ver valores propios y familiares, saca a la luz mitos familiares, etc.

Realmente este método de trabajo es tan rico de contenidos que podría muy bien dedicársele un libro. De ahí que le dedique al menos un capítulo.

Las fotografías nos hacen fácilmente retroceder en el tiempo, revivir lo que sentimos y reactivar aquello que teníamos olvidado. Pero es más, las fotos nos muestran todo un conjunto de signos que podemos "leer" y que constituyen la traducción psicofísica de la psicología de los personajes: *el lenguaje del cuerpo.* A través del lenguaje del cuerpo entendemos al personaje y su relación con los demás. Pero además, la persona, a través de la narración de su vida –*el lenguaje verbal:* lo que se dice, cómo se dice y lo que se obvia– nos ayuda a entender cómo dotó de vida a esos personajes, más allá de cómo fueron en realidad, qué fantasías elaboró en torno a ellos, cómo los sintió, cómo se colocó física y psíquicamente frente a ellos (F/S), etc. Todos los contenidos que se analizan en los capítulos de este libro, y otros muchos que han quedado soslayados, aparecen al analizar la FB.

Se puede utilizar también para, a partir de ahí, reparar daños, curar heridas del pasado que se mantienen en el presente, hacer los duelos pendientes, sobre todo en relación al desamor con nuestro padre y nuestra madre, y también de parejas amorosas que se han tenido.

La FB amplía el estrecho margen de mira del individuo, contextualizándolo en el marco psico-socio-familiar. De ahí que también pueda utilizarse desde distintos encuadres tanto sexológicos como psicoterapéuticos holísticos: gestálticos, de terapia de familia, etc., como vienen haciéndolo algunos terapeutas que conocen este trabajo.

¿Cómo surgió la FB?

En casa de mis padres existía un enorme marco antiguo del cual se había quitado, cuando se heredó, la lámina que contenía. Estuvo así, vacío, durante años en un largo pasillo.

Cuando mi padre, hombre activo, familiar y autodidacta, se jubiló, se encontró con todo su tiempo libre y tuvo que enfrentarse al vacío laboral. Un día decidió rellenar aquel marco con fotografías a modo de "collage". Puso fotos de su infancia y juventud y de las de mi madre, añadió otras de la vida que habían pasado juntos: el noviazgo, la boda, el nacimiento de las hijas e hijos con sus distintas etapas evolutivas. Allí estaban los viajes, las fiestas familiares –bautizos, comuniones...–, abuelos/as, amigos/as, casas en las que habíamos vivido...

Me enseñó orgulloso su obra diciendome: "¿te acuerdas cuando...?" Sí, yo las recordaba. Eran fotos conocidas, vistas por mí decenas de veces en el álbum. Pero entonces me produjeron un efecto diferente. Quizás el hecho de ver en unos segundo, la trayectoria de toda una vida; en realidad, de varias vidas. Y la mía en el conjunto de ellas. Recordé y vivencié de nuevo sensaciones, emociones... sintiéndome a la vez incluida en las fotos en las que aparecía; y a la vez –aquello fue lo que me sorprendió– como separada de ellas, viéndolas desde fuera, como si de momento el espacio y el tiempo dejaran de tener sentido, teniendo en unos instantes una visión/comprensión totalizadora.

Pasé varios días con una sensación extraña, afectada por *cierta tristeza,* entremezclada con distintas emociones acompañadas de *imágenes,* de mis percepciones de aquella realidad y de mí misma en cada etapa de mi vida.

Hubo otro hecho que me sorprendió. En una serie de fotos dentro del mismo escenario, constaté *a)* cómo *reproducía gestos* de mi padre que expresaban actitudes frente a la vida y la familia; entendí el clima familiar del momento como *b)* la *alegría* de mi madre y de mi padre por el nuevo nacimiento, *c)* la *tristeza* de mi abuelo por la desaparición de su mujer (muerte reciente de la abuela), *d)* el desencanto, el miedo al abandono del *niño pequeño destronado* por un nuevo nacimiento.

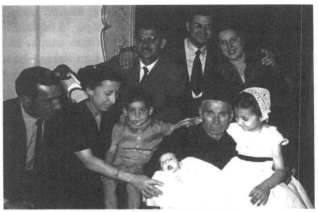

a)

b)

c)

d)

Todo esto ocurría en un momento en que me derivaron un paciente que no lograba recordar nada de su vida antes de los diez años. Tenía alrededor de la treintena. Presentaba una problemática sexual y estaba en un proceso psicoanalítico. Se me remitió para que trabajara "Sensibilización corporal" (SC)[22] y de este modo, conjuntamente avanzar en su análisis.

Pero la falta de recuerdos de tantos años de su vida me animó, paralelamente al trabajo corporal, a pedirle que me trajera fotografías de su infancia, más en concreto de aquellos años olvidados.

Poco a poco empezó a actualizar recuerdos a partir de pequeños detalles y de la apertura de los sentidos –el olor de casas, de habitaciones...– y a tener sueños. Fuimos viendo su mundo emocional en relación a la estructura familiar, la percepción que tenía de los diferentes personajes que habían pasado por su vida o estaban en ella.

Me sorprendieron tanto los resultados obtenidos empíricamente, que fui aplicando este método de trabajo en algunos casos clínicos y posteriormente lo introduje, a nivel didáctico, en los grupos de CE y DP (Crecimiento erótico y desarrollo personal).

PROCESO DE LA FOTOBIOGRAFÍA (FB)

Como método clínico, la FB tiene varias etapas a través de las cuales se van integrando los procesos internos:

1ª fase: selección de fotografías

El primer paso es la selección que se hace de las fotografías. Se realiza en casa, recogiendo aquéllas que por una u otra razón se consideran importantes (porque evocan buenos o malos recuerdos, porque algo llama la atención...) para ir explicando la propia vida.

Se seleccionan unas quince fotos de cada período evolutivo: primera infancia hasta la adolescencia, de los doce años hasta los veinte aproximadamente, y desde entonces hasta la actualidad.

2ª fase: el estudio de las fotografías

Se trabaja en dos direcciones:

– Lineal: en orden evolutivo, cronológicamente desde las primeras fotos hasta el momento presente.
– Circular: cada foto en relación a las anteriores para volver a relacionarla después con las posteriores.

Y en dos procesos:

– De análisis de cada una de las fotos.
– De síntesis del conjunto de todas ellas, de todo el proceso evolutivo.

Esta síntesis se repite algún tiempo más tarde –en torno a un año– para comprobar cómo se ha cambiado la autopercepción, la de los personajes y la comprensión de la propia historia.

3ª fase: tiempo de integración entre las sesiones

En el intervalo entre sesiones la persona continúa conectada con las fotografías que hemos analizado en la última sesión, relacionadas con el conjunto. Está atenta a evocar aspectos no concienciados hasta ahora. Por ejemplo los olores de ciertos lugares, de la madre o el padre, algunos mensajes verbales o corporales... o bien otros datos que no aparecen en las fotos pero que pudieran ayudarle a recordar: qué hacía en los días festivos por aquella época, a qué jugaba, cuáles eran sus juguetes preferidos, cómo era su clase, etc.

En la sesión posterior retomamos las fotos con las nuevas aportaciones.

4ª fase: después del estudio de las fotos

Cuando un tiempo más tarde repetimos la FB, más someramente, aparece una reestructuración en la selección de fotos. Suelen mantenerse las ya seleccionadas anteriormente pero se incorporan otras nuevas con personajes que habían sido "eliminados" con anterioridad, integrándolos como parte de la propia historia; o bien ésta es contada de modo distinto. Se ha producido una transformación en la persona.

LA TÉCNICA

Enunciaré en forma de ejercicio didáctico-vivencial la técnica de la FB a fin de que pueda realizarse de forma parecida a como se enuncia en los grupos, resaltando algunos de los aspectos a observar. No podemos olvidar que se trata de un método clínico y, por lo tanto, personalizado. Existen muchos más aspectos a observar, dependiendo de cada caso. Sin embargo, espero que se consiga una cierta aproximación a este método de trabajo y ayude a un mayor autoconocimiento.

Ejercicio: "la Fotobiografía"

1. En primer lugar vas a hacer una recopilación de fotografías que sirvan para explicar tu vida. Imagínate que tratas de explicársela a alguien que no te conoce. ¿Qué fotos escogerías que son para ti significativas por alguna razón?

Dedícate uno o varios días a revisar todas las fotografías que tienes. Mira también los álbumes familiares y observa qué fotos por una u otra razón, te llaman la atención, te resultan gratas, especialmente desagradables, si hay algún personaje que te parece importante y quieres introducir, si era un momento especial, etc. Cualquier foto: sola/o, con gente...

Seleccionarás unas quince fotos de cada período de tu vida: quince de la primera infancia (hasta doce años aproximadamente), quince de la adolescencia y juventud (de doce hasta veinte o veintiún años aproximadamente), y otras quince fotos desde ese momento al actual...

> SI DESEAS CONTINUAR ESTE EJERCICIO, NO CONTINUES LEYENDO EL LIBRO HASTA QUE NO HAGAS ESTA SELECCIÓN. CUANDO LA TENGAS PUEDES CONTINUAR.

2. Ahora extiende las fotos en orden cronológico. Haces tres filas; la primera, arriba, la infancia; la segunda, justo abajo, la adolescencia y juventud; la tercera, debajo de la anterior, hasta el momento actual.

Describe tu historia a partir de lo que aparece en las fotos. Habla en primera persona y en presente, como si estuviera ocurriendo ahora, como si estuvieras metido/a en la foto. Ejemplo: "Ésta soy yo. Es el día de mi bautizo"; "Éste es mi padre, mi tía Carmen..."; "Aquí tengo aproximadamente cuatro años. Estoy jugando en el jardín de bajo de casa. Ese día mi madre me regaña porque me ensucio el vestido que me acaba de poner. Está enfadada. Yo no entiendo por qué. Yo siento miedo por su bronca", etc.[23] Puedes empezar.

Ésa es la historia que tú te cuentas. Es lo que recuerdas

conscientemente, o lo que imaginas que sucedió. Es tu percepción de las cosas. Como no podemos hacer aquí un análisis clínico de cada una de tus fotos, reflexiona sobre algunos aspectos y el conjunto de ellas:

a) –*¿Desde cuándo empiezas tu historia?*

(Hay quienes empiezan a contar su historia desde su bisabuelo, otras desde el nacimiento o bautizo, otras... a los seis años, como si su vida empezara entonces, como si no quisieran recordar lo anterior. Es cierto que hay familias que no se hacían fotos, pero hay quienes, teniendo fotos, no las recogen, y otras que, no teniendo fotos, explican la carencia de ellas pero hablan de su vida hasta el momento de la primera foto.)

b) –*¿Aparece tu madre, tu padre, a lo largo de tu historia? ¿Son personajes que has "eliminado"? ¿A qué otros has "eliminado"? (Por ejemplo a alguno de tus hermanos/as...)*

(Generalmente, cuando estamos todavía "peleados", o mantenemos mala relación con alguien, "eliminamos" al personaje, es decir, "olvidamos" incluirlo en la historia, o las fotos aparecen recortadas.)

c) –*¿Cómo es la expresión de los rostros y cuerpos de las figuras materna y paterna? ¿Qué se aprecia en la relación entre ambos: sonríen cuando están juntos, hay rigidez, flexibilidad..., hay contacto -o no- entre ellos y cómo es éste?*

(A través de esto puede intuirse la relación amoroso/sexual que existía entre nuestra madre y nuestro padre, y también períodos en los que pueden estar atravesando problemas. La felicidad, el bienestar se muestra en el rostro y en el cuerpo; el rencor, el rechazo, el malestar, la angustia... también.)

d) –¿Hay contacto de tu madre y tu padre con tus herma-
nos/as? ¿Cómo es ese contacto? ¿Y entre tus hermanos/as?
¿Dónde te situas tú?

(¿Se valora el contacto en la comunicación afectiva de la
familia o, por el contrario, hay temor al contacto físico, a las
sensaciones corporales? También podemos observar cuándo
hay preferencias del padre o la madre por algún hijo o hija,
y hacia quién te acercas más.)

e) –¿Aceptaron tu madre y tu padre tu sexo biológico o
esperaban el nacimiento de un bebé del sexo contrario?

(Esto podemos conocerlo a través de comentarios de la familia; otras veces intuimos que hubieran deseado que fuéramos de otro sexo y podemos sentir rechazo de nuestro propio
sexo, imitando comportamientos del sexo esperado por nuestros progenitores, esperando así su aceptación. A este respecto es interesante ver cómo se nos viste y peina en la infancia,
así como qué juegos y actitudes se nos valoran o reprochan,
si son fundamentalmente "femeninos" o "masculinos".)

f) –¿Fuiste un bebé deseado?

(¿Hay expresión de alegría, fastidio, decepción, orgullo... por parte de tu padre, de tu madre, de tu familia?)

g) –¿Cómo viven tu padre y tu madre su propia sexualidad?¿Cómo viven los roles que consideran femeninos o masculinos?

(A veces esto se verbaliza mediante mensajes: "tener la menstruación es un fastidio"; otros mensajes no se verbalizan explícitamente, pero la niña y el niño captan las diferencias de roles; vg.: enviar a la niña a recoger los platos y fregar mientras que el hermano se queda en la mesa.)

h) –Las lagunas que aparecen en tus diferentes períodos evolutivos ¿a qué se deben?

(De cuando en cuando en el transcurso de la historia aparece un gran salto, un vacío de muchos años –por ejemplo no aparece el período de los cinco a los doce años. Es interesante comprobar la coincidencia con períodos que no se quieren recordar, crisis existenciales o familiares.)

i) –¿Cómo apareces tú a lo largo de tu historia? ¿Sonríes de pequeña/o? ¿Hay períodos en los que no sonríes?

¿Cómo es la expresión de tu cara y de tu cuerpo? ¿Te alejas o aproximas a otras figuras? ¿A cuáles?

(La sonrisa es un factor de equilibrio emocional. Ver *c*) y *d*).)

j) –¿Apareces en el conjunto de las fotos predominantemente sola/o aislado/a, en familia, con grupos –de mujeres, hombres, mixtos?

k) –Analiza tus relaciones amorosas. Fíjate si has "elimi-nado" a tu/s pareja/s o a alguna de ellas. Cuando aparece una relación de pareja o amorosa observa cómo se da el contacto y cómo te colocas en relación a la otra persona.

l) –¿Hay alguna temática que predomine o se repita en tu historia?

(En ocasiones se repiten escenas en la naturaleza, con animales, fotos en las que se está disfrazada/o... Hay aspectos de nuestra forma de seducir que pueden observarse a través de esto. He observado con frecuencia que las personas que gustan mucho de disfrazarse en la infancia utilizan bastante el juego en la seducción. Es decir, cada persona se acerca a las demás, trata de seducir o se siente atraída por determinados valores que ha ido cultivando.)

m) –Fíjate en qué relación existe entre tus cambios de imagen que se observan a lo largo de tu historia (barba, bigote, patillas, pelo largo, corto, forma distinta de vestir, etc.) y tus posibles situaciones de crisis personal.

(Esto se observa principalmente en la adolescencia, período de crisis por excelencia en el que la persona no se gusta, hay una búsqueda de identidad. También se pueden ver grandes cambios después de separaciones de pareja.)

n) –Reflexiona sobre la relación que existe entre la FB y tu vida actual: tu percepción del mundo, tus relaciones con los hombres y las mujeres, tu forma de vivir la soledad, tu miedo al contacto o la búsqueda de éste, tus intereses sexuales, tu vivencia y expresión del amor, tu erótica y la expresión de ella, cómo seduces y qué te seduce, tu vivencia del cuerpo, tus actitudes frente a la sexualidad, tu forma de vincularte (F/S, tu EP, tu guión de vida, etc., y qué relación podría haber con lo que han sido los valores, creencias y actitudes familiares (modelos parentales y los modelos de los modelos parentales) del entorno y de experiencias tempranas.

En las sesiones clínicas individuales la FB es un instrumento de gran utilidad terapéutica. El tiempo empleado en este proceso depende de cada caso; en general suele oscilar entre tres y nueve meses, realizando una sesión semanal de 45 minutos.

El proceso de análisis de las fotos no es sólo lineal ni ininterrumpido. Por el contrario, de vez en cuando se interrumpe –incluso durante varias sesiones– para analizar los datos que emergen. Es como parar la imagen de una película y estudiar esa imagen a fondo. Después, retroceder o avanzar, intercalando técnicas distintas. El número de fotos que se comentan en cada sesión es variable: tres, cuatro... A veces sólo una es el motivo de varias sesiones.

En los grupos de de "Crecimiento erótico y desarrollo personal(CE y DP)", tras explicar la metodología, los/as participantes se reúnen en pequeños grupos de tres o cuatro personas. Se analizan las fotografías por turnos. Durante un tiempo aproximado de una hora, cada cual explica su vida a los demás a través del material que ha traído, sus fotos. Cuando concluye, el resto del grupo va haciéndole notar otros aspectos que no ha verbalizado y que se consideran importantes, o pregunta sobre lo que ha quedado confuso. Esto permite que se cuente con otros referentes. El comparar posteriormente la propia historia fotográfica con las de los/as demás ayuda a entender que las cosas no son casuales.

A través de la FB como instrumento clínico podemos entender, entre otras cosas, *cómo hemos aprendido a amar y a vincularnos a través de nuestra historia.* La historia de cada cual es el marco en el que se ha producido un conjunto de amores y desamores: con nuestra familia, con nuestros amigos/as, con nuestros lugares de referencia (casas, pueblos, paises, trabajos...), donde hemos vivido enamoramientos, ha habido seducción, rechazos, identificaciones y desidentificaciones, se ha aprendido a amar u odiar el propio cuerpo, la sexualidad, a los hombres y a las mujeres, y a estructurar los vínculos. Y así, también entendemos que nuestro padre y nuestra madre aprendieron de los suyos... y transmitieron aquello que creyeron que era amar o estructurar un vínculo de pareja o unas relaciones familiares o humanas.

A veces esas formas de amar o de vincularse a través de generaciones funcionan como guiones de vida que se transmiten y se aprenden sin tener conciencia de ello. Podemos, desde la conciencia, cambiar nuestro guión amoroso y asumir la forma en que queremos vincularnos y estructurar las relaciones. Otras personas amaron a su manera, nosotras/os podemos elegir la nuestra.

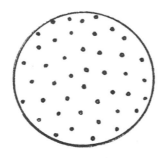

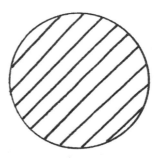

7. EL ESPACIO PERSONAL (EP) Y LA ESTRUCTURA DE LOS VÍNCULOS AMOROSOS

Uno de los conceptos que más trabajo y que considero altamente esclarecedor es el de "espacio personal" (EP). Expresiones cotidianas del estilo de: "me agobias", "me invades", "no estás nunca conmigo", "quiero que hagamos más cosas juntos", "compartimos poco", "necesito ir a mi aire", "me ahogo en esta relación", "me siento libre contigo"... hacen referencia al EP. Este concepto forma parte de las relaciones personales y por lo tanto también de los vínculos amorosos en cuanto a cómo se estructura este vínculo y cuál es la dinámica que se establece. Este concepto subyace a la comprensión de otros, como por ejemplo el de la fusión y separación, la distancia, los límites... y constituye en sí mismo una parte esclarecedora de los procesos de autoconocimiento y comprensión de las dinámicas relacionales. Y lo bien cierto es que cuando se asimila, algo cambia en nuestro interior y nos relacionamos de otra manera con la gente.

EL ESPACIO PERSONAL (EP): ESPACIO INTERIOR, RELACIONAL Y SOCIAL

Hablar de relaciones personales, relaciones de pareja o de vínculos en general supone previamente hablar del EP de cada cual, cómo cada uno de los individuos que componen el vínculo estructura su mundo, es decir se sitúa frente al exterior y frente a sí mismo/a.

Como tantos otros conceptos, el EP es fácilmente comprensible en teoría, y su dificultad estriba en la concreción práctica. Ciertas expresiones del cuerpo nos aproximan a este concepto; por ejemplo, el lugar que ocupa una persona en un grupo, si ocupa mucho o poco espacio —habla constantemente, intenta ser el centro de atención, permanece en el anonimato...—, cuál es la distancia que mantiene en un intercambio de comunicación o en un encuentro erótico, etc.

Nuestro EP en términos generales es nuestra vida. Conlleva implícitamente el concepto de libertad, de individualidad, de autorresponsabilidad con la propia vida.

Dentro de nuestro medio sociocultural, no solemos pensar en nuestra vida más que en determinados momentos. Entonces nos preguntamos cosas como qué ha sido mi vida, qué quiero hacer en —y con— mi vida, por qué me siento de tal forma, quién soy yo, qué me gusta, cómo manejarme la soledad, para qué hago las cosas que hago, etc.

Aunque parece que no nos queramos dar cuenta, cada persona tiene una vida única, un camino que recorre de una u otra forma, y que es estrictamente individual. Puede verse acompañada en ese trayecto por su pareja, familiares, amigas/os, pero su vida, sus experiencias personales son únicas, pueden ser compartidas pero nadie puede ocupar el lugar del otro. Hay momentos vitales en los que captamos esa sensación de individualidad, como cuando vivimos una crisis personal y constatamos que en ese momento nadie puede reemplazarnos en el dolor. Tampoco en el placer. El placer que cada cual vive es su placer. En este sentido, cada persona tiene su espácio en el mundo, tiene una vida que puede tratar de vivir y compartir de la mejor manera posible.

Distingo en el EP de un individuo tres espacios o áreas interrelacionadas: interior, relacional y social.

Supongamos que el EP de una persona pudiera representarse por una círculo[24]:

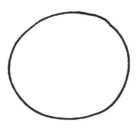

a) El *espacio interior*: sería aquello que vivimos, sentimos, pensamos, que nadie puede conocer a menos que lo exterioricemos. Puede suponer nuestro mundo de fantasías, recuerdos, sentimientos, miedos, ilusiones, etc.

b) El *espacio relaciona*l: sería el cómo nos colocamos frente a la otra persona. La dinámica de la relación se desarrolla en un espacio, el lugar de la relación:

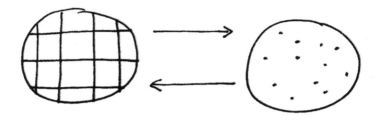

c) El *espacio social:* consistiría en el lugar o lugares sociales que ocupamos en cada momento –vg.: profesión, status social, o incluso los distintos roles que ejercemos –madre, empleado, terapeuta... etc.– y que están determinados por el marco social.

Todo ello constituye lo que llamamos el EP de cada cual. Estos tres aspectos o áreas de nuestro EP están entrelazados e interiorizados en el individuo. De ahí que a partir de ahora la representación que haremos del EP presupone estos tres aspectos.

MODELOS DE RELACIÓN: LA ESTRUCTURA Y DINÁMICA DEL VÍNCULO.

Cuando empecé a trabajar sobre el EP me preocupaban sobre todo dos temas: uno, la gente que no sabe qué hacer con su vida, y más en concreto, con su tiempo libre, y, por otra parte, la diferente percepción que tenemos, cuando existe una relación de pareja, de cómo es y ha sido esa relación. Constataba que muchas parejas se unían teniendo proyectos de vida diferentes que aparentemente no alcanzaban a ver, lo que conducía a discusiones continuas; aunque creían estar hablando de un mismo proyecto amoroso, en realidad estaban hablando de dos, y toda esta confusión produce mucho sufrimiento a las personas.

Solía atender a parejas que deseaban aclarar ciertos problemas que aparecían en su comunicación sexual, en su percepción de las cosas y en general en la convivencia diaria. Frecuentemente partían de una visión distinta sobre cómo habían funcionado –y funcionaban– las cosas entre ellos. Como esto era difícil de objetivar, se me ocurriió idear un ejercicio[25] a partir de la cual fuéramos reflexionando sobre el entramado relacional.

Posteriormente fui aplicándolo también a personas que no mantenían en aquellos momentos ningún vínculo amoroso –de pareja– y se encontraban solas. Con ellas trabajaba fundamentalmente sobre cómo había sido su vida hasta aquellos momentos y el proyecto futuro. En la actualidad, haciendo extensible esos modelos a cualquier relación dual –relaciones amistosas, materno/paterno-filiales, relaciones profesionales–, lo utilizo también en los grupos.

Ejercicio: modelos de relación: estructura y dinámica de los vínculos afectivos

(Toma papel y lápiz)

A

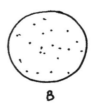

B

Fíjate en los dos círculos de la página anterior.

Imagínate que aquí hay dos personas: la A y la B. Cada persona está representada por un círculo que simboliza su EP: su espacio interior (pensamientos, deseos, fantasías, miedos...), sus relaciones con otras personas (amigos/as, familiares...), su espacio social (su profesión, status social...). Todo lo que le es propio, lo que pertenece a su vida.

Como el EP de cada persona es diferente por eso se representa el círculo con un dibujo distinto.

Tú eres una de esas dos personas. La otra representa tu pareja o la persona con la que has tenido la relación o vínculo amoroso más importante (si has tenido varias parejas).[26]

Estas dos personas, A y B, tal y como han sido dibujadas ahí, no mantienen ningún punto de contacto, ninguna relación todavía. Si entraran en contacto, ambos círculos tendrían algún punto en común...

A continuación pasaré a hacerte algunas preguntas. Contesta cada una de estas preguntas realizando un dibujo en donde entren los dos círculos. Si lo deseas, también puedes escribir algo que sirva para explicar los dibujos que has hecho:

1º ¿Cómo te has sentido hasta ahora en tu relación de pareja? (En el caso de que hayas mantenido siempre la misma; si has tenido varias, haz un dibujo en donde expreses cómo te has sentido en relación a ellas en conjunto, o bien respecto a la que has considerado más importante)

2º ¿Cómo te sientes en la actualidad en tu relación de pareja?

3º ¿Cómo te gustaría sentirte en tu relación de pareja? O, ¿cuál sería para ti la relación de pareja ideal?

A partir de trabajar con este ejercicio, que originariamente realizaba con parejas, me di cuenta de cómo la misma relación era vivida de manera muy distinta por cada miembro. A través de los distintos dibujos y, sobre todo, de cómo lo comentaban, expresaban el sentido de pertenencia en la pareja y la dinámica de la relación. Me di cuenta de que muchos dibujos se repetían, y también de que, aun no siendo iguales, se repetían los contenidos. Sinteticé con todo ello *tres modelos básicos de estructura de relación y otros dos complementarios,* que suponen en sí mismos distintas maneras de concebir el vínculo y situarse en el mismo.

MODELOS BÁSICOS:

1. El modelo de inclusión

Se representa así:

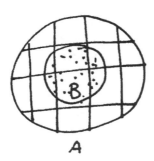

o así (ver pág. siguiente):

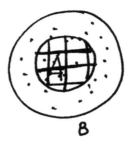

B

En este modelo que llamo "de inclusión", *una persona siente que está incluida en el espacio de la otra, o que abarca a la otra, la engloba en el suyo.*

Éste es el modelo de roles que durante mucho tiempo se ha potenciado. Responde a las *relaciones tradicionales de pareja.* Esta estructura favorece las relaciones de poder o de dominio/sumisión. *El modelo es jerarquizado y estimula la dependencia.*

Habitualmente, en este modelo se fomenta en la mujer el que asuma su pertenencia al espacio del varón, que forme parte de su mundo. Por eso, al hacer el ejercicio suele ser la mujer la que se dibuja incluida en el otro y con menor espacio que éste.[27]

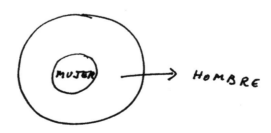

Con este modelo de relación afectiva, se toma poco o nada en cuenta la posibilidad del espacio personal propio al margen de la pareja, sobre todo por parte de quien se siente incluida/o dentro del espacio del otro/la otra. Suele haber una falta de sentido de identidad o una dificultad para saber "quién soy yo", "qué quiero", "qué deseo hacer", "qué me gusta". La persona incluida tiende a definirse en relación a la pareja a la que pertenece.

La mujer, cuando no está de acuerdo con el rol, vive esta situación como de sometimiento y al explicar qué ha querido dibujar, lo acompaña con una queja, con dolor o con una actitud de hostilidad hacia el varón más o menos manifiesta. Vive la situación por la que ha pasado o está pasando —se suele hablar en pasado— como un modelo impuesto, aunque puede aceptar también su responsabilidad en la estructura de roles. Interioriza y reproduce lo que se espera de ella para ser querida por su pareja y aceptada socialmente cuando en su contexto son los valores imperantes.

Aunque no es muy frecuente, también se pueden ver parejas con inversión de esta relación, en donde el varón puede sentirse así:

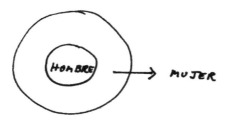

El modelo de inclusión favorece las relaciones de poder dominante-dominado/a, porque la vivencia de una de las personas suele ser de víctima, por lo que percibe a la otra como dominadora u opresora.

Colocarse en el rol de sometimiento, autoanularse, es colocarse en una relación asimétrica, una relación de poder. Toda relación de poder es móvil y cambiante; de ahí que la mujer, si se siente oprimida, puede pasar de la situación de sometimiento a otra de agresora; por ejemplo: rechazo sexual al varón.

Este modelo puede mantenerse como estructura de pareja o como vínculo, y funciona bien en aquellas personas que coinciden en la aceptación de esa estructura de roles, es decir, si ambas personas están de acuerdo con la estructura y dinámica del modelo, los roles están establecidos y asumidos.

Cuando ello es así, dicha estrutura relacional favorece cierta sensación de seguridad afectiva a la vez que hay una de merma de libertad. La "seguridad afectiva" –quizás podríamos hablar de pseudoseguridad– se consigue gracias a que estas relaciones crean una dependencia mutua. Son dos roles complementarios; no pueden existir uno sin el otro: el opresor sin oprimida y viceversa. Se aprecia claramente en aquellas parejas que mantienen la convivencia a pesar de las agresiones continuas, el insulto o el desprecio, como si existiera un "enganche" que les impidiera separarse, y eso, en última instancia, les ofreciera seguridad.

El modelo como tal empieza a entrar en crisis cuando uno de esos miembros ya no acepta esta estructura relacional. Se suele desencadenar el conflicto a partir de la persona incluida cuando se reivindica un cierto espacio personal no compartido; por ejemplo, tener actividades propias, salir con otra gente distinta de la cual la pareja no participa, etc. Es entonces cuando la persona incluyente empieza a sentir que se le quita algo, que está siendo abandonada, y comienza a sentir una pérdida.

Antes:

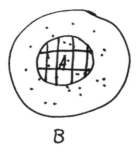

B

Ahora:

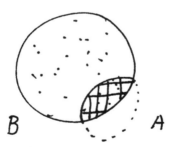

Toda variación en esta estructura de roles provoca una crisis. Esta crisis, generada por quien inicia un cambio en su posición, *puede desembocar en una ruptura* –el otro o la otra no acepta el cambio– (ver 1ª fig. de la página siguiente), *o bien en una remodelación creativa de la pareja:* se reestructura un nuevo tipo de relación (ver 2ª fig.).

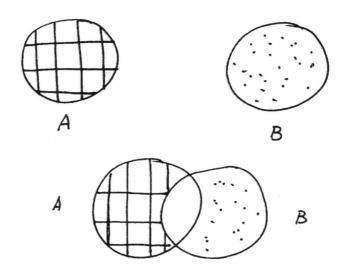

2. El modelo fusiónal utópico

Corresponde a lo que se puede llamar: "modelo fusional". Se representa así:

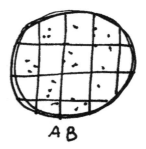

Es el *modelo idealizado* que se propone socialmente como relación de pareja durante el enamoramiento. La filosofía del modelo es: "los dos somo uno" o "la media naranja".

La fantasía del vínculo es la fusión total: los mismos gustos, los mismos deseos, los mismos ritmos corporales, los mismos amigos, etc.

Hay períodos de nuestra vida en que podemos experimentar esa sensación de unicidad, la vivencia de fusionalidad, por ejemplo, durante el enamoramiento idealizado; también se vive en *momentos concretos, como por ejemplo durante el orgasmo.* Pero *no* puede existir como *modelo de vida,* es decir, como una estructura de pareja en la vida cotidiana. Eso es una fantasía. Por eso lo llamo idealizado.

Es como si la persona deseara compartir todo el espacio al 100%, esperándose una armonización completa y absoluta, sin roces ni fisuras. Las personas que buscan el establecimiento de este tipo de vínculo como forma de vida tienden a cambiar con frecuencia de parejas en una búsqueda infructuosa de ese modelo de perfección o están continuamente insatisfechas porque el modelo no se cumple.

Este dibujo suele manifestarse sobre todo en la tercera pregunta: "¿cuál es la relación de pareja que quisieras tener?", y se presenta más en mujeres que en varones. El modelo supone un deseo de máxima seguridad afectiva e implicaría que no existe posibilidad de espacio personal, que a su vez no es vivida como falta de libertad sino, por el contrario, como armonía total. Como anécdota diré que algunas de estas personas dibujan este modelo con un punto encuadrado en cada una de las casillas como si ninguno tuviera más que el otro: ni más cuadros ni más puntos.

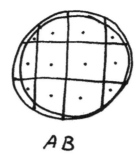

A B

Aunque estos dos modelos, el de *inclusión* y el de *fusionalidad idealizada*, tienen teóricamente poca libertad personal, son vividos de forma muy diferente. En el primero suele haber vivencia de opresión, de desigualdad; mientras que en el segundo no hay conciencia de esa falta de libertad y aparece como deseable.

Este modelo ha sido el final de los cuentos tradicionales como "La Cenicienta", "Blancanieves" y tantos otros, que concluían con: "...y vivieron por siempre felices", como una imagen amorosa eterna de felicidad total, sin fisuras. Eran los cuentos de las niñas, de ahí que sean sobre todo las mujeres, las que, al margen de la realidad de sus vidas, mantengan, en el fondo de sus corazones, el deseo de ese amor absoluto.

3. El modelo de interdependencia: crear el modelo

El modelo de *interdependencia* implica teóricamente dos supuestos:

1. Que existe *espacio personal no compartido (EP-nc) para cada cual.*
2. Que existe *un espacio común compartido (EP-c).*

Se suele representar con mayor y menor proporción de EP-c y EP-nc:

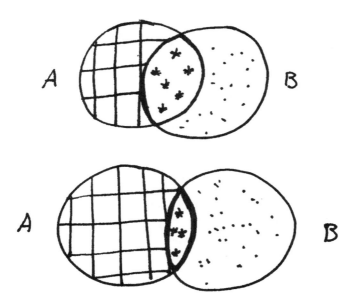

Frente a la relación tradicional de roles (modelo de inclusión), este modelo *se plantea desde una relación mas igualitaria. Existe un deseo de relaciones horizontales, de igual a igual.* Es el modelo teórico más propuesto en la actualidad.

Cada modelo tiene su dinámica y sus conflictos internos. El modelo de inclusión entra en crisis con la no aceptación de los roles establecidos o con la búsqueda de cierto espacio personal para salir de la inclusión. En el modelo de fusión, la crisis se desencadena cuando pasa el período de fusionalidad, pero permanece la búsqueda de ese ideal de vida. ¿Qué ocurre con el modelo de interdependencia?

*Reflexiones acerca del modelo de relación
de interdependencia:*

a) *No existe patrón identificatorio de referencia.* El modelo social tradicional corresponde al modelo de inclusión, reproducido durante generaciones. Basado en la estructura desigual de roles, asienta las relaciones de poder. Constituye el modelo familiar conocido, el que hemos visto, vivido y aprendido emocionalmente en nuestra infancia.

> • ¿QUÉ PAREJAS CONOCISTE DURANTE TU IN-
> FANCIA QUE MANTUVIERAN EL VÍNCULO DEL
> MODELO DE INCLUSIÓN?
> • ¿QUÉ PAREJAS CONOCISTE EN TU INFANCIA
> QUE MANTUVIERAN UN VÍNCULO NO TRADI-
> CIONAL CON EL QUE TE PUDISTE IDENTIFICAR
> O TE SIRVIÓ DE MODELO?

b) *Al no tener otros modelos de referencia, el modelo de inclusión es el que se ha incorporado emocionalmente.* Sin embargo, cuando se propone como ideal el modelo de interdependencia, es porque teórica e ideológicamente se rechaza el de inclusión; quizás también el de fusión, o se le considere inviable. Hay que tener en cuenta que la crítica ideológica, el pensamiento racional, aparece bastante más tarde; con lo que se produce, en la edad adulta, una escisión entre el pensar y el sentir, entre la ideología y los sentimientos, con dificultad para poder integrar emocionalmente lo que en teoría se propone, lo cual implica un conflicto en el individuo. Expresiones como: *"Estoy de acuerdo* (racional) en que vayas a comer con tus amigos, pero *no lo puedo soportar* (emocional)" pueden verbalizarse o silenciarse, pero se manifiestan a través del mal humor y el enfado.

c) *Aunque en el modelo de interdependencia existe el concepto de libertad personal (un EP-nc),* las más de las veces la persona no se plantea siquiera cuál es su EP, y por lo tanto no reconoce qué quiere compartir y sobre todo cuál sería su EP-nc. Si no lo conoce, mucho menos puede desarrollarlo.

Tomar contacto con el concepto de EP es reconocer y entender el concepto de individualidad y, con ello, entender más el sentido de libertad, identidad o separación. (Ver capítulo 3: Fusión y separación).

> ¿QUÉ ES LO QUE DESEAS COMPARTIR CON OTRAS PERSONAS Y QUÉ NO?

Puede ser que no se desee compartir algunos pensamientos, fantasías, alguna actividad, amigos que no son comunes, alguna parte del tiempo libre... Es decir, podemos querer reservarnos algún tiempo/espacio para poder estar sola/o, para poder conversar con alguna gente, etc... Esto supone que cuando decides qué deseas hacer, sabes realmente qué es lo que deseas o qué cosas quieres compartir y con quiénes.

Es fácil reivindicar un EP-nc y a la vez tenemos miedo a la capacidad de libertad de que disponemos. No la ejercemos por miedos inconscientes, como por ejemplo el miedo al abandono ("¿y si deseo luego estar más con otras personas que con mi pareja?", "¿y si en mi tiempo libre llegase a conocer a alguien de quien me enamorase?"). También en el otro miembro de la pareja surgen los mismos miedos (los mismos ejemplos que he puesto anteriormente pero a la inversa: "¿y si él o ella...?").

¿RECUERDAS QUE TE HAYA OCURRIDO ESTO?

El miedo al abandono conlleva implícitamente el miedo a un posible cambio, a una posible situación de ruptura de vínculo sin la seguridad de establecer otro. Es, en última instancia, el miedo a la soledad vivida con una connotación negativa.

d) *El espacio común compartido (EP-c) está en relación con el EP de cada cual.* El EP-c guarda relación con el EP de cada cual. Nuestra calidad humana, nuestro desarrollo personal revierte también en la relación con la pareja. El espacio común puede ser más gratificante por la calidad del encuentro que por la cantidad de cosas o de tiempo que se comparte.

Crear el modelo de relación

Estar por este modelo de relación supone una dificultad y a la vez un reto, una aventura: *crear el modelo. Hay que inventar, crear, porque no hay modelo.* Sabemos vincularnos como el modelo de inclusión y soñar con el de fusión, pero todavía nos es difícil relacionarnos como el modelo de interdependencia, que presupone:

– *Tomar conciencia de que se tiene un espacio personal,* es decir, que antes que pareja se es persona, lo cual aboca a tomar contacto con la propia individualidad.

Hay que tener/darse un espacio para la toma de conciencia de sí, para la meditación, para la reflexión, la toma de decisiones, contactar con nuestras dudas, nuestros miedos, nuestros deseos, construir nuestra identidad.

– *Respetar el derecho al propio espacio así como respe-*

tar el derecho al espacio de nuestra pareja. La sensación de libertad produce miedo. Pero para sentirse libre hay que poder *asumir el riesgo de la libertad* que no tiene por qué ser peligroso. En todo momento podemos decidir y ser responsables de nuestras decisiones.

> ¿CÓMO PUEDES TENER UNA BUENA COMUNI-CACIÓN SIGUIENDO ESTE MODELO?

Este modelo:

– *Implica saberse fusionar* (saber estar con el otro o la otra) y *saber estar separada/o* (estar bien consigo misma/o sola/o).

– *Combinar seguridad afectiva y sentido de libertad*. Que lo compartido, el encuentro o la convivencia con la pareja sea de calidad, que ambas se sientan profundamente amadas (seguridad afectiva), que sepan crear un espacio común de placer, de salud, de vida, donde puedan compartir aquello que sea gozoso para ambas, sin invadir el EP-nc del otro/la otra ni dejarse invadir, sin imponer a la pareja aquello que sólo causa placer a una de las personas.

Algunos de los *conflictos* que se presentan suelen hacer referencia a:

– *La falta del propio desarrollo personal en cuanto al EP-nc,* o lo que podría ejemplificarse en: "¿qué hacer con mi tiempo libre?", "¿cómo aprovechar mi tiempo, en qué ocupar mi vida o cómo vivirla cuando estoy sola/o y puedo hacer lo que desee?".

"¿Qué hay aquí?"

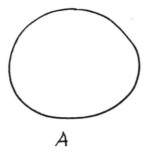

A

En primer lugar hay que conocer el propio EP. A partir de ahí decidimos en cada momento qué queremos compartir y qué no. Hay personas que tienden a emparejarse por la angustia que les produce no saber qué hacer con su tiempo libre, con su vida. De esta forma, el vacío que sienten, su falta de seguridad, es cubierto por otra persona que puede decidir por ellas. Puede ser cómodo pero crea dependencias y mantiene la inmadurez y la falta de responsabilidad.

Por el contrario, tener un buen sentido de identidad permite saber qué quieres compartir y continuar manteniendo a la vez un nivel de desarrollo como persona, tanto en aspectos compartidos como no compartidos.

– *Eje libertad/límites*. Mantener relación con alguien supone unos límites. Cualquier nivel de compartir –mucho más evidente se manifiesta en la convivencia cotidiana– supone una cierta merma de nuestra libertad personal y hemos de establecer acuerdos. Pero a la vez las personas sienten que ganan más que lo que presumiblemente pudieran perder.

Establecer un vínculo de pareja a partir del sentimiento amoroso supone placer, un placer cualitativamente distinto del que se tiene sólo en la amistad.

La clave –y el arte– es mantener en cada momento el equilibrio oportuno entre libertad y seguridad, saber compartir manteniendo un respeto a sí misma/o, a la propia libertad; no aceptar aquello que no deseamos a cambio de ser amado/a. Cuando se pierde la dignidad, el respeto, a cambio de seguridad, de compañía, de migajas de un pseudoamor, la relación se convierte en un proceso de autodestrucción y, a la larga, destruye también la relación.

– *La invasión del EP n-c*. Invadir o, por el contrario, sentir que se introducen en lo que consideramos ámbito privado, lo que se desea compartir y lo que no, es específico de cada pareja. Cada una tiene sus propias reglas de convivencia, que es lo que se consideraría "el contrato".[28]

A veces, son ambas personas las que se invaden mutuamente:

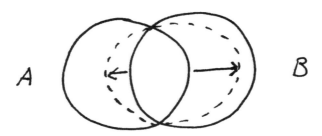

El miedo a que el otro/la otra tenga un EP-nc y, por lo tanto, no controlable, es lo que puede generar el deseo de introducirse en él, de invadir.

También puede generar una merma de nuestro desarrollo; encubriendo nuestros miedos inconscientemente tratamos de frenar el desarrollo de la otra persona ("no me desarrollo para que tú tampoco lo hagas", "yo no tengo amigos para que tú no los tengas", "No deseo salir; espero que tú tampoco lo desees").

Algunos comentarios finales en torno a este modelo.

1. *La relación en base a un modelo de interdependencia favorece teóricamente las relaciones de cooperación,* de igualdad –respetando las diferencias–, en vez de las relaciones de poder.

2. *Ayuda a entender la fusión y la separación como dos polos de un mismo eje* que forman parte del mismo proceso.

3. *Teóricamente el EP no tiene límites. Toda persona puede desarrollarse tanto como desee* –teniendo en cuenta sus propios ritmos de evolución y los condicionamientos y resistencias de cada momento– tanto estando sola como en un vínculo de pareja. Podemos leer más de lo que lo hacemos, pasear más, reflexionar o meditar con más frecuencia, tener nuevos intereses, ampliar nuestro círculo de amistades... y con ello estamos incrementando nuestro EP.

No es mejor ni peor tener más o menos EP en relación al otro. Hay que tener el EP que se desea, el que se necesita en cada momento. No es mejor tener veinte amigos que tres; depende de la calidad de la amistad. No es mejor leer cinco libros que dos; depende del placer que produce leerlos, de las sugerencias que aporten.

El espacio que se desea hay que crearlo, cada cual tiene que construírselo. Esta autorresponsabilidad parece que a veces la olvidamos; nos quedamos en la queja más que en dar los pasos necesarios para conseguir aquello que queremos.

4. *El EP-c es muy amplio.* Podemos aprender a compartir más y más cosas, y esas cosas a su vez pueden ir cambiando, pueden irse renovando. Por otra parte, no es mejor compartir más tiempo y más cosas, como desean algunas parejas. Depende más de la calidad del compartir. No tienen por qué ser mejores amantes quienes están veinticuatro horas al día juntos, que quienes están seis. Depende de la calidad del encuentro. Se puede, por supuesto, intentar combinar la calidad del encuentro con el tiempo: compartir bien y bastante.

5. Una clave para poder vivir de acuerdo a este modelo es que en la relación exista una sólida *combinación de seguridad afectiva* —sentirse ambos muy amados— *y libertad personal* —que exista un espacio para el propio desarrollo personal, lo que la persona considera importante para su vida, para vivir según su camino en la vida. Estos dos aspectos: seguridad afectiva y sentido de libertad personal, deben poner armonizarse continuamente, lo cual, evidentemente, no es fácil y frecuentemente puede quedar desajustado. Ése es uno de los trabajos de creatividad de la pareja.

El cómo adquirir la armonía o el contrato que establece cada pareja para la relación es específico en cada vínculo y cambiante con el tiempo.

6. Finalmente hay que *ser flexible y saber que en un proceso vincular se pasa por muchos estados de ánimo, muchos sentimientos, hay diferentes ritmos de evolución, sincronías...* y hay que adaptarse a ello. Cada acción, movimiento, cambio en uno de los miembros de la pareja produce una reacción, movimiento, cambio en el otro.

4. Otros modelos

Otros modelos que aparecen muy esporádicamente son éstos:

Modelo de separación total

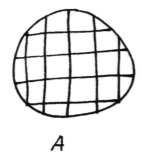

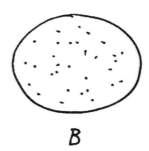

A   B

Modelo de soledad

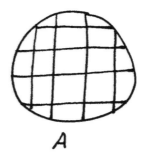

A

El modelo de separación total viene a expresar que se desea mantener todo el EP, lo cual impide que existan puntos de contacto, imposibilitando la relación. Suele ser el ideal de quienes quieren contactos eventuales y separación inmediata.

El modelo de soledad sirve para expresar que en estos momentos no se tiene pareja, o que se prefiere vivir sola/o. Suele aparecer tras una ruptura amorosa.

Lo que expresan estos dibujos suelen ser períodos transitorios que corresponden a situaciones puntuales, como los duelos afectivos.

Finalmente, en una relación amorosa se pasa por muchos momentos, por episodios diferentes: mucha fusión, necesidad de mayor EP, sentirse englobada/o en el EP del otro/a y vivirlo bien o mal, se desea mayor seguridad, mayor libertad, se desea compartir más o menos, etc. Éstos son episodios que tienen que ver con estados emocionales o momentos de la evolución de las personas o del vínculo. Otra cosa es que cada cual se plantee de qué forma desea vivir con la persona amada, cómo desea estructurar la relación.

En las relaciones largas hay parejas que han pasado por prácticamente todos los modelos que he descrito y no necesariamente en este orden.

Veamos algunos ejemplos de respuestas individuales.

PERSONA I (mujer, 28 años, casada)

1) Así me he sentido hasta ahora en mi relación de pareja:

" *Como atascada, pequeña, torpe, todo lo que pasaba era culpa mía.*"
(Ella se representa a la izquierda, con el círculo pequeño.)

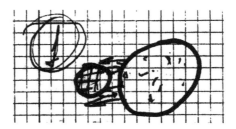

2) Así me siento actualmente en mi relación de pareja:

"Más adulta, de plantear las cosas de tú a tú."
(Se dibuja con mayor espacio.)

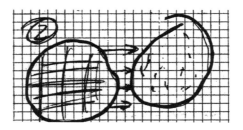

3) Así me gustaría sentirme:

"Llegar los dos a una igualdad a la hora de hablar, decidir las cosas y no sentirme atascada, y con un poco de apertura para compartirlo todo."

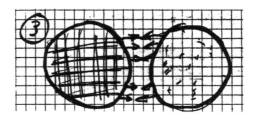

PERSONA II (Varón, 36 años)

1)

"Mucho espacio en común, pero la sexualidad que tendría que compartirse no funciona (cuadros en blanco). Yo tengo poco espacio personal."

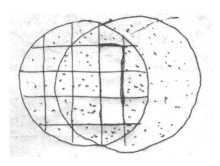

2)

"Situación de crisis. Mi pareja es un interrogante para mí, pero ella todavía ocupa mi vida (puntitos)."

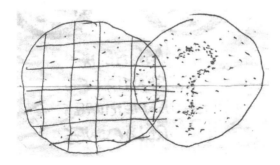

(Este varón se representa como el círculo de cuadros.)

3)

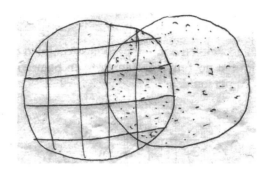

PERSONA III

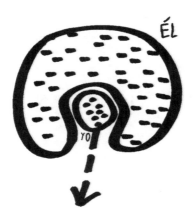

ASÍ ME SENTÍA
EN MI ÚLTIMA
RELACIÓN

ASÍ ME SIENTO
AHORA

ÉSTA ES MI
RELACIÓN IDEAL

8. AMOR Y SEXUALIDAD

Cada pareja tiene un tipo de "contrato", explícito o implícito, una forma de vincularse, un compromiso.

Podemos distinguir varios tipos de pareja "de facto":

a) Las que tienen una buena relación humana, sintonía ideológica, de valores, una buena conexión espiritual, pero falta atracción sexual, no hay deseo. *La relación de amistad es buena, pero la de amantes no lo es* (no hay "química").

b) Aquéllas en las que hay una gran atracción erótica, pero carecen de otros puntos en común y es difícil o nula la comunicación a otros niveles exceptuando el sexual. Hay una *buena relación de amantes pero no de amistad*.

c) Las que tienen atracción sexual y buena comunicación humana, espiritual, ideológica... Hay *buena relación de amantes y de amistad*.

d) Las que, además de tener una *buena relación de amistad y de amantes –en un sentido total–, comparten también el sentimiento amoroso*.

También hay parejas que *ni tienen amistad ni son aman-*

tes. Son aquéllas que se mantienen por otros intereses, como económicos, miedo a la soledad, los/as hijos/as, o por cualquier otra circunstancia. Podría considerarse que comparten el piso o algunas cosas en común. De este grupo no hablaré.

¿AMOR SIN SEXO?

Hay personas que se tienen un amor profundo –¿podría también considerarse una profunda amistad con el contenido amoroso que toda amistad conlleva?– y sin embargo no tienen relaciones genitales.

He conocido algunas parejas heterosexuales, casadas ya hace bastantes años, que comparten aspectos amistosos, afectivos, ideológicos, pero que no sienten demasiado deseo sexual genital, y esa faceta de su comunicación y desarrollo queda relegada a lo mínimo o a la nada. Son parejas que tienen afinidades y sienten –dicho por ambos– que se quieren. La falta de relaciones coitales, por ejemplo, no les impide vivir juntos. No desean separarse por esta razón. Funcionan así –"de facto"– no porque lo hubieran acordado previamente. En algún momento de su convivencia intentaron tener relaciones sexuales que no resultaron satisfactorias, o no había deseo por alguna de las partes, o parecía una tarea trabajosa, ardua y complicada, por lo que gradualmente las relaciones sexuales genitales se distanciaron o acabaron por desaparecer. Pero no cabe duda que *su sexualidad existe, sólo que se manifiesta de una forma más global*[29]: los abrazos, los besos, las miradas e incluso –¿por qué no?– el placer de los cuidados mutuos.

Algunas de esta personas incluso tienen relaciones genitales esporádicas fuera de la pareja, con consenso —o no— de la misma. En estos casos no hay miedo ni actitud negativa hacia la sexualidad en general, pero esa comunicación no se da con su pareja. Es como si no hubiera "química", o existieran otros intereses prioritarios y vinculantes (vg. el mantenimiento del *status* como pareja, el cuidado de la familia, intereses o actividades comunes, miedo a la soledad, amistad profunda de años, etc.). En este sentido el deseo sexual se desvía hacia otra persona, se autosatisface individualmente o se reprime, se canaliza a través de alguna actividad que sea lo suficientemente gratificante como el trabajo, una actividad social o artística.

Caben otras razones que impedirían o dificultarían la comunicación sexual genital: razones de tipo ideológico, miedos al contagio de enfermedades, miedo a determinadas sensaciones del placer genital, etc. O incluso puede existir un consenso entre dos personas que se aman y que por razones sociales o morales que les supongan internamente un impedimento, decidan canalizar su energía sexual de la manera que ambos se autoricen (vg. contactos socialmente permisibles como el beso o abrazo como saludo social). La novela: *Como agua para chocolate* muestra este tipo de relación.

También pueden existir razones de tipo religioso por las que se desee sublimar el contacto genital y desarrollar otras vías de comunicación eróticas o espirituales. Es lo que algunas veces se ha llamado: el "amor casto".

El amor platónico o el amor casto aparece con más frecuencia en algunas etapas de nuestra vida, como en la adolescencia, en donde los intensos sentimientos amorosos y la sexualidad se vehiculizan a través de besos, abrazos, miradas, palabras, cartas... no sólo porque es un período en el que se tienen pocas condiciones materiales para otro tipo de encuentros, sino porque se idealiza el amor romántico, casi místico, en el que un encuentro genital parecería romper la magia del enamoramiento.

¿RECUERDAS TUS AMORES PLATÓNICOS?

Te amo con un amor inalterable
mientras tantos amores humanos no son
más que espejismos.
Te consagro un amor puro y sin mácula...
Si en mi espíritu hubiese otra cosa que tú,
la arrancaría con mis propias manos.
No quiero de ti otra cosa que amor.

IBN HAZM
El collar de la paloma[30]

Dentro del apartado del amor casto cabría incluir también la mística o *el misticismo*, el amor hacia la divinidad donde el enamoramiento y la erótica se llevan al terreno de la espiritualidad.

Gocémonos, Amado,
y vámonos a ver en tu hermosura
al monte o al collado
do mana el agua pura,
entremos más adentro en la espesura.
Y luego a las subidas
cavernas de la piedra nos iremos,
que están bien escondidas,
y allí nos entraremos
y el mosto de granadas gustaremos.
Allí me mostrarías
aquello que mi alma pretendía,
y luego me darías
allí tú, vida mía,

aquello que me diste el otro día.

S. JUAN DE LA CRUZ
Cántico espiritual

Si el amor que me tenéis,
Dios mío, es como el que os tengo;
decidme: ¿en qué me detengo?
o Vos, ¿en qué os detenéis?
—Alma, ¿qué quieres de Mí?
—Dios mío, no más que verte.
—¿Y qué temes más de ti?
—Lo que más temo es perderte.

STA. TERESA DE JESUS
Coloquio de amor

¡Cuán triste es, Dios mío,
la vida sin Ti!
Ansiosa de verte,
deseo morir.
/.../
¡Qué dicha, mi Amado,
ansiosa de verte,
deseo morir!

STA. TERESA DE JESUS
Ayes del desierto

Sin embargo, en el amor humano, cuando en una pareja la vida sexual, en sentido amplio, no es placentera, las cosas no suelen ir demasiado bien. Ésa es una de las razones por las que se acude a una consulta sexológica.

¿SEXO SIN AMOR?

El polo opuesto estaría representado por las relaciones sexuales entre personas cuyo contrato no es de amor sino estrictamente de deseo sexual. Existe una atracción a través del deseo, de un cierto magnetismo, una gran sintonía sexual, primaria, que parece impulsarles a unirse físicamente en un determinado momento más allá de otras afinidades o razones ideológicas, sociales o racionales.

Estas atracciones se producen eventualmente (vg.: frente a una persona conocida o desconocida) en una situación dada sin demasiada trascendencia, o bien de forma más sistemática y repetida. En el primer caso podría considerarse un "ligue"; no tiene una estructura de vínculo, tan sólo se vive como una fantasía del mismo a través de un efímero encuentro sexual. En el segundo es lo que podríamos llamar una "amantía", una relación de "amantes" tal y como se entiende socialmente.[31] Se desarrolla una de las características del amor, especialmente del enamoramiento: la pasión sexual, el deseo de fusión de los cuerpos, sin que esas personas estén enamoradas ni deseen vincularse socialmente. Sin embargo, de hecho constituyen un vínculo de pareja, aunque sea tan sólo un vínculo sexual, lo cual no tiene por qué impedirles vincularse también con otras personas.

La relación a través de la sexualidad es, ¿qué duda cabe?, una forma de comunicación. A través de la sexualidad se percibe la libertad y el placer en relación al propio cuerpo y el del otro/la otra, y también se puede transmitir, amistad, respeto, ternura, pasión y, como algo puntual, amor.

En cualquier caso, un vínculo sexual puede ser muy placentero en sí mismo cuando el "contrato" implícito –o explícito– está aceptado.

En ese ámbito hay un compartir deseo y entrega.

Parte de las relaciones sexuales que tienen lugar a lo largo de nuestra vida no implican un "contrato amoroso" ni un compromiso de vínculo posterior, a pesar de que el encuentro sea extraordinariamente agradable, expansivo, enriquecedor, "amoroso", dulce o apasionado.

Cuando una pareja se estructura sólo en base a la atracción sexual, sin otros puntos en contacto ni una amistad de base, no suele durar mucho tiempo porque, pasada la efervescencia de la pasión sexual, del deseo, satisfecha la fusión de los cuerpos poco más queda, por lo que poco a poco o de repente, se agota en sí misma, quedando un recuerdo hermoso de lo que fue.

Pero cuando hay una base amistosa o ésta se desarrolla a lo largo de los encuentros, concluida la relación pasional aquélla puede permanecer.

AMOR SEXUADO, AMOR TOTAL

> Te quiero
> de cuerpo entero
>
> VIOLETA PARRA

El amor abarca todas las latitudes de nuestro ser y todas las latitudes del ser amado. Es un amor integral, un amor que reproduce el sentido de totalidad como el amor universal. Es la suma de todas nuestras partes en un todo, y un todo que, siendo diferente, respeta la individualidad de cada una de sus partes.

En la estructuración de una pareja, un determinante fundamental es el vínculo sexual. Nos vinculamos en una relación amorosa porque existe también una atracción erótica hacia esa persona. La atracción erótica implica el deseo de fusión, el deseo en todo el cuerpo.

Cada forma de vincularse, como comentaba antes, es una experiencia distinta que en sí misma puede ser altamente placentera en la dimensión en que se desarrolla: a través de la espiritualidad o de la sexualidad. Pero cuando estas dos facetas no están disociadas, sino integradas y se corresponden entre amante y amado/a, *entramos en otra dimensión, en otra vivencia distinta* donde la fuerza energética y creativa se multiplican. *Es la magia del amor, del amor como totalidad.*

Autor: Guthy Mamae.

1. El deseo

En el amor hay deseo de estar dentro de quien se ama y que el/la amado/a esté dentro de nosotros/as física y espiritualmente.

El deseo es algo involuntario e irracional. Es uno de los aspectos más primitivo, instintivo, salvaje e incluso antisocial del amor, porque no está sujeto a leyes. El deseo no está sujeto a la razón ni a las leyes sociales.

En ese sentido es similar al enamoramiento. Es nuestra propia ética, la aceptación consciente de las normas sociales, nuestros miedos, los que nos permiten –o no– ese enamoramiento o ese deseo, desarrollarlos, reprimirlos o canalizarlos en un sentido u otro.

Según Campbell, el enamoramiento, tal como se entiende desde el movimiento trovadoresco occidental, supuso una revolución social porque rompía las normas: de la estructura de pareja arreglada socialmente por los intereses familiares se pasaba a la elección individualizada de la amada /o, en base estrictamente al sentimiento amoroso.

El deseo, como el enamoramiento, surge sin control previo, inesperadamente, por sorpresa, al margen de que –conscientemente– lo queramos o no. Surge con una fuerza brutal. Pero así como el enamoramiento se describe mayormente en torno a las emociones, a la espiritualidad y parece como si naciera del corazón, el deseo se describe en relación al cuerpo, a la sexualidad y parece nacer del bajo vientre.

Ambos, deseo y enamoramiento, cuerpo y espíritu, bajo vientre y corazón, frecuentemente aparecen unidos, abarcando e impregnando la totalidad de nuestro cuerpo; de ahí que sea dificil deslindarlos, como en el caso del amor sexuado o *amantes que se aman* –valga la redundancia.

En nuestra vida podemos tener diferentes experiencias sexuales: malas, anodinas, buenas y extraordinarias. El amor nos implica totalmente: las sensaciones corporales, los pensamientos, las emociones y la espiritualidad, en el sentido de trascendencia.

Cuando se ama y se goza plenamente en totalidad y reciprocidad, la experiencia sexual amorosa puede ser una experiencia extra-ordinaria, una vía de conocimiento y de desarrollo físico y espiritual.

En la medida que una persona conoce y desarrolla su psicoerotismo, se conoce y trabaja sus posibles conflictos personales, está generalmente más preparada para vivir con mayor plenitud y consciencia el amor.

Pero también es importante conocer las etapas del proceso amoroso, y en este caso, del deseo. El deseo de quien ama suele aparecer con una gran potencia: genital y global. La tensión genital es muy patente. En la medida que hay satisfacción en la fusión, la tensión sexual se hace menos urgente. La distancia entre los encuentros es mayor y el cuerpo está más relajado. Poco a poco se puede también estar en la separación, en la individualidad, porque está satisfecha la fusión.

Los encuentros amorosos y eróticos de las personas amantes son intensos aunque gradualmente sean más relajados y la frecuencia sea menor. La intensidad no quiere decir rapidez, compulsividad, ni mucho movimiento corporal, es simplemente la calidad del placer, la calidad del encuentro (lento o rápido, con mucho movimiento o en inmovilidad, de mucha o poca duración, lúdico o trascendente).

El deseo como globalidad y genitalidad se combina en el encuentro. La globalidad expresa el deseo con todo el cuerpo, se manifiesta como relajación y apertura; la genitalidad se expresa como excitación y deseo de unión sexual.

A medida que avanza la edad de los amantes –al igual que en la niñez– el deseo se manifiesta de forma más globalizada y menos focalizada genitalmente.

2. El despertar erótico

Antes de esa unión, el cuerpo se prepara, se abre, se dispone para el cuerpo del amado/a. Cuando amamos a alguien hay una focalización de ese sujeto amoroso y de deseo. Hay como un imán poderoso que nos impulsa hacia esa persona. Su presencia calma a la vez que excita; su ausencia aquieta e inquieta, perturba y se vive como una gran carencia, no sólo emocional sino tambien física, corporal.

La persona enamorada siente su erotismo naciente e intenso: nota el deseo a través de sus ojos, sus manos, en los latidos de su corazón, en su respiración agitada, en el calor interno de su cuerpo, en sus mejillas enrojecidas, en la vibración de su cuerpo, en su boca y, por supuesto, en el deseo que se concentra en su zona genital.

El solo recuerdo, la imagen, el nombre –que evoca la imagen– del ser amado desencadena una mezcla de placer erótico y malestar por la ausencia.

El erotismo es global y genital, por eso el contacto en el encuentro también es global y genital.

Antes de que la persona que ama sepa que su amante la

quiere, aparece un juego de seducción en donde se mezcla el placer del encuentro (todavía sin contacto físico), con los sentidos, con el contacto energético y espiritual. Es tan grande el deseo de la/del amante por ser a su vez amada/o y deseada/o, que muestra un conjunto de señales que revelan su apertura corporal. Unas, con las que quisiera seducir, expresar al otro sus sentimientos y su deseo: la mirada, la sonrisa, la forma de hablar, la colocación del cuerpo; otras, que se manifiestan muy a pesar suyo: la inquietud, la inseguridad, a veces, la torpeza... Es el miedo al «no», a que no exista una reciprocidad.

La imagen de la persona amada la acompaña, mental, emocional y físicamente.

Puede pensar con ella y fantasear en posibles caricias, besos o contactos genitales. Ello aumenta el deseo, que no se calma porque el deseo que se siente no es producto de una mera excitación fisiológica. Es el deseo de contacto real con la persona concreta y exclusiva en quien buscamos la fusión física y espiritual.

Este período se caracteriza por el desasosiego, la inquietud, la búsqueda y la carencia a la vez que por el placer del deseo.

¿RECUERDAS CÓMO DESPERTÓ TU CUERPO, CÓMO ERA TU PSICOEROTISMO AL RECONOCER A LA/S PERSONA/S QUE HAS AMADO?

3. El encuentro

¿Qué pasa cuando la persona que amas y deseas te ama y te desea, cuando los cuerpos se aproximan y contactan?

Hay una alegría exultante, un goce indesciptible. Es un momento de fusión. Es la aceptación mutua y la entrega, la unidad con el amado/la amada. Es algo mágico donde las palabras no tienen cabida sino para expresar el goce y la alegría del encuentro, para expresar el amor y el deseo.

Cuando realmente la sintonía de ambos tiene lugar, *son los cuerpos completos los que hablan, los que dicen:* son los sonidos de la voz, el movimiento del cuerpo, la contemplación mutua a través de la mirada, el tacto suave o profundo, lento o rápido; el saborear el perfume que ofrecen los cuerpos, el calor de las pieles que se encuentran...

El cuerpo del amado o amada, siéndonos desconocido, nos es familiar, un cuerpo junto al que hemos estado toda la vida. Es tal el goce, que nos preguntamos cómo hemos podido vivir hasta el momento sin esa persona, con la que la complementariedad es tan perfecta, que fácilmente armonizamos sin palabras, con sólo mirarnos, con sólo estrechar nuestras manos.

Parece que una venda que teníamos en los ojos nos cayera y de pronto descubriéramos el concepto de belleza, de armonía, de pasión, y percibiéramos las cosas de modo diferente con más belleza y amplitud.

Por lo común se cree que el encuentro equivale a lo que se llama "hacer el amor". Eso a su vez se entiende como la relación genital/coital, con sus correspondientes preliminares. Sin embargo, muchos de esos encuentros que se denominan así, realmente no tienen nada que ver con la experiencia, ni amorosa, ni sexual (en toda su amplitud erótica), ni tan siquiera a veces es gozosa.

El encuentro erótico, el placer, el goce del mismo, *se inicia con el «si» mutuo; ese momento, ese punto en el que captamos que existe aceptación.* Casi no hace falta que se nos diga, lo sabemos porque lo captamos con nuestro cuerpo, con nuestros sentidos, con la intuición, esa comunicación que se despierta entre ambos y que constituye como fragmentos de una bella sinfonía.

Cada paso que damos –donde hay aceptación mutua– es hermoso, perfecto y completo en sí mismo como lo es un aria o un adagio. *Todo el conjunto del encuentro es la ópera o la sinfonía.*

Un encuentro puede constituirse con un beso. Un sólo beso. Pero un sólo beso puede querer decir tantas cosas... Una mirada, un abrazo, unas palabras... *Con cualquier manifestación podemos estar haciendo el amor,* aunque sólo sea a traves de un pequeño contacto.

Un encuentro lleva a nuevos encuentros. El deseo se incrementa, el cuerpo se abre más y con más confianza.

Cuando el encuentro global se une al genital, el éxtasis que se produce en la sintonía es cualitativamente distinto. Dos cuerpos que están interpenetrados constituyen una imagen de fusión, y se incrementa la sensación de formar parte uno de otro.

El encuentro erótico genital es un paso importante porque descubrimos mucho de nuestra intimidad, nos mostramos simbólicamente –además de físicamente– desnudos, más como somos.

El encuentro no acaba con la unión de los sexos ni con un orgasmo o una eyaculación. Existe un compartir posterior de goce suave, alegría, agradecimiento; de constatar a través del contacto de los cuerpos relajados la veracidad de cuanto ha existido. Y el vínculo se incrementa entre los amantes.

Cuando ese tiempo interno ha concluido es cuando podrán separarse integrando la experiencia amorosa para que pueda surgir de nuevo posteriormente el deseo de fusión, de reencontrarse.

El tiempo de espera, de separación para la fusión, sobre todo al principio, suele ser muy corta. Los amantes se buscan frecuentemente y con compulsividad. El deseo sexual es intenso y el encuentro con frecuencia pasa a ser muy genitalizado en apariencia, porque los cuerpos rápidamente se interpenetran. Sin embargo, un encuentro muy genital también puede ser muy global. Previamente se va cultivando el deseo: la mirada, el acercamiento de los cuerpos con alguna excusa, las fantasías eróticas y, en suma, todo el abordaje romántico o el ritual que va creando la tensión del deseo y del amor que se concreta en una relación directa y muy explícita de ambos deseos.

Un encuentro sexual amoroso no tiene por qué tener una sucesión tipificada en la aproximación: ahora nos miramos, ahora nos besamos, unas caricias y luego un coito o una estimulación genital. Tampoco se trata de que lo importante sea ir directamente el coito, masturbación o genitalidad en general. No hay una secuencia predeterminada. Puede ser una caricia, muchas, penetración o no, directamente o tras minutos, horas o días de acercamiento. *Lo verdaderamente importante es que el encuentro sea como quieren los amantes en cada ocasión y que haya sintonía entre ambos y apertura a tener un contacto gozoso.* Lo demás carece de importancia. No es mejor que en nuestra vida sexual practiquemos dos o diez posiciones; lo verdaderamente importante es la vivencia erótica del encuentro que es lo que en suma nos equilibra y da consistencia a un vínculo amoroso en su expresión sexual.

ALGUNOS PROBLEMAS EN TORNO A LA COMUNICACIÓN SEXUAL

1. La distancia

La *distancia* es un elemento fundamental en el encuentro erótico y sexual. Al igual que una cópula no puede durar eternamente, ni un beso, ni las caricias más maravillosas, tampoco podemos vivir sin límite la intensidad del placer, ni tampoco la del dolor. Psicológicamente necesitamos un *tiempo* para integrar las cosas: las emociones vividas, las sensaciones, las imágenes, los pensamientos. Necesitamos parar y digerir todo ello, es decir, como reposarlo, colocarlo en nuestra vida, en nuestra historia personal y, a la vez, saber resituarnos en esa experiencia, saber qué nos ha ido bien para buscarlo y reajustarnos frente a lo que no queremos. Una vez hemos podido integrar la experiencia –para lo cual existe un repliegue corporal e interno– podemos volver a abrirnos.

Cuando hablamos del encuentro sexual se entiende fácilmente: después de un orgasmo se requiere un "tiempo de latencia" para que de nuevo aparezca el deseo sexual. Ese "tiempo de latencia" es lo que sería la *distancia y tiempo* que se toma el cuerpo física y emocionalmente como reposo e interiorización para, pasado ese tiempo, abrirse de nuevo, prepararse para una nueva fusión. La persona se separa mediante una distancia para reajustarse para el próximo encuentro.

La distancia es importante porque es un tiempo de procesamiento o de transformación interna. Aparece a lo largo de todo el proceso amoroso y erótico. Es la toma de contacto consigo mismo y con la "otra" realidad.

Existe distancia externa e interna. La distancia externa, física, es fácil de ver en la seducción. Por ejemplo, dos personas que están sentadas en mesas diferentes y que empiezan a encontrarse a través de las miradas; podríamos decir "a distancia". Si continuasen el encuentro visual sentados en la misma mesa, estarían acortando distancias.

La distancia interna no es tan fácil de ver para quien observa. Implica un darse cuenta por el propio sujeto sobre qué es lo que acontece; a partir de la experiencia externa escucharse internamente para volver a comunicarse en el afuera.

La distancia forma parte de cualquier relación personal y también, por supuesto, de la relación erótica y amorosa. En el enamoramiento hay muy poca distancia porque es un estado básicamente fusional.

Un proceso de seducción puede iniciarse con bastante distancia e ir acortándola poco a poco y lentamente con el despertar erótico de ambos hasta llegar a la F (la distancia cero). En este caso se va elaborando qué es lo que vamos sintiendo, qué leemos a través de los mensajes corporales y verbales. La lentitud y la distancia afianza el acercamiento sobre todo cuando los mensajes no están demasiados claros o hay inseguridad o miedos. Otras veces, el acercamiento entre los cuerpos se produce muy rápidamente, casi sin distancia previa. Quizás la aceptación es muy evidente por ambas partes, quizás ambos han cultivado tanto el deseo y las caricias en su imaginario que, cuando se encuentran frente a frente, simplemente culminan todavía más la fusión.

Uno de los miedos que surge es: "¿y después de la unión?". Hay personas que pueden enamorar/se, pueden seducir y después no saben que hacer con ello. Es el *miedo al «si»*.

Pueden llegar a alcanzar una relación sexual y posteriormente quedan como bloqueadas. Un caso típico es el acercamiento sexual en discotecas, pubs o bares cuando se va a "ligar", pero a los que se acude también con la secreta intención de encontrar una pareja con la que vincularse. No digo que ello no sea posible pero, tal como se desencadenan las cosas, es bastante improbable, y la mayoría de las veces altamente frustrante. Se va al "lugar de encuentro", se habla, se baila o se bebe mientras se trata de contactar con alguien. Se localiza. Se entrecruzan miradas. Se acercan rápidamente. Hablan un poco e inmediatamente se contacta: besos, caricias, se va a un piso o un lugar para mantener un contacto sexual. Tras la eyaculación o el orgasmo que se produce –en el mejor de los casos– de forma automatizada por la descarga de la tensión física, queda una sensación de malestar y frustración, y surge la pregunta: "¿qué hago con esta persona aquí?".

No se han dado ni el tiempo ni la distancia para cultivar el deseo, para darse cuenta de lo que van sintiendo. Es un tipo de encuentro sexual genital que puede ser válido en sí mismo si sólo se busca eso. Otros niveles de comunicación están obviados. Se juega a la fantasía de la fusión y de deseo amoroso, de sentirse amados, pero nada tiene que ver con ello. Y la persona –sobre todo las mujeres– queda vacía y frustrada.

Eso no quiere decir que no pueda darse una relación erótica y amorosa tras un encuentro en donde el contacto y la aceptación sean muy rápidos y sin apenas distancia, como en un "flechazo" o una atracción muy intensa y pasional donde existe un gran deseo mutuo. Pero estas experiencias no tienen paralelismo con el comportamiento sexual automatizado y sistemático de los viernes o sábados noche.

Un encuentro erótico y amoroso requiere un tiempo no sólo externo, sino interno, y una preparación.

En el tantra –una de las filosofías en donde se da una gran importancia a la sexualidad de la pareja– hay todo un ritual erótico para el encuentro amoroso de los amantes. Ambos se disponen internamente a compartir para llegar a la unidad sexual y alcanzar asi la unión con la divinidad.

2. La pasión amorosa

Éste es otro de los términos "malditos", como el de la seducción. Deseada y temida, la palabra pasión está llena de connotaciones de placer, de descontrol, de instinto, de irracionalidad, de sexo, de violencia, de muerte, de locura, de anormativo, de aventura...

La pasión es una vivencia intensa y continua de *atracción* que nos impulsa de forma "irremediable", irracional e involuntaria hacia algo o alguien. En el caso de la pasión amorosa se dirige hacia la persona amada.

La pasión integra el *deseo*. Al igual que las diferentes vivencias que he ido comentando en el libro, es algo individual y personal, al igual que lo son las emociones, la forma de seducir o el psicoerotismo de cada cual.

La pasión es algo que se siente en el cuerpo con una fuerza impresionante y que su aparición –al igual que el enamoramiento– no depende de nuestra voluntad.

El enamoramiento tiene un componente de pasión: la presencia constante del amado o la amada incluso en su ausencia, la gran receptividad y propulsividad sexual, y de apertura y goce de los sentidos, la compulsividad de muchos de nuestros comportamientos –que racionalmente podrían ser calificados de absurdos– como una búsqueda de la proximidad, el deseo de unión (fusión), de pertenencia.[32]

Pero la pasión va más allá de las vivencias que podemos experimentar en un enamoramiento idealizado. La pasión tiene que ver con la vida y con la manera de situarse en ella. La vida como aventura o la vida como rutina. Podemos vivir una vida apasionada o una vida monótona. Si vivimos la vida con pasión, ésta existe y se mantiene en la pareja en la vida cotidiana más allá del enamoramiento idealizado.

> • ¿CÓMO SIENTES QUE ES TU VIDA EN GENERAL?
> • ¿CÓMO SE PLASMA LA PASIÓN EN TU VIDA?
> • ¿CÓMO SE PLASMA LA RUTINA EN TU VIDA?

El amor de amantes es un amor sexuado.

El amor es una sensación de expansión e igualmente se expansiona nuestro cuerpo, nuestros sentidos, nuestros genitales. Hay una especial receptividad para sentir –hay disponibilidad–, en especial durante la primera etapa, en la que estamos como descubriendo a la otra persona y en la que tratamos de seducirla, de gustarle. En esa primera etapa de receptividad el deseo es muy intenso. El deseo, aunque se siente como una totalidad, en ocasiones también se "somatiza", sintiéndose de forma diferente según las personas y en diferentes lugares del cuerpo. Recuerdo a una amiga mía que decía: "cuando amo lo siento en los ovarios".

La sexualidad cuando se ama es otra cosa. No es sólo el placer corporal sino otra forma de placer mucho más sutil. Hay trascendencia.

La erótica amorosa es muy fusional Una característica amorosa es el desencadenante interno del deseo sexual, la unión física sexual con el amado, la unión de los cuerpos. El amor incrementa el deseo y el goce.

Autor: Guthy Mamae.

3. *Más sobre la pasión*

En el cine suele presentarse o el enamoramiento y la pasión amorosa, o los conflictos de la vida cotidiana en donde prácticamente esa pasión ha desaparecido. En este último caso parece que la relación cotidiana fuera fraternal o de amistad, pero no de una pareja de amantes. Falta la pasión. De nuevo el cine muestra esa escisión que hacemos en todo: la pasión y lo cotidiano (que parece ser los problemas y la rutina).

Una relación de pareja es una relación apasionada, en la relación de amor hay pasión. Es el vivir con *intensidad* cada momento de lo cotidiano.

Nadie tiene por qué saber de la pasión de tu vida. Creemos que la pasión son los gestos voluptuosos, o crispados, las contorsiones o los gritos al hacer el amor, los celos, la violencia, la desesperación.

Pero *la pasión puede vivirse también desde la serenidad,* desde la paz, el respeto, o la movilización interna en vez de la externa. También desde el silencio. "Vosotros no podéis comprender la vida apasionada que llevo" decía Sainte Colombe en *Tous les matins du monde* frente a su hija y Marin Marais. "¿Que tú llevas una vida apasionada?" respondían éstos con sorpresa frente a un anciano que pasaba horas al día encerrado en un minúsculo recinto tocando música con sus recuerdos, su viola y la música, absolutamente aislado del mundo. Es difícil de comprender desde fuera.

También Teresa de Jesús llevaba una vida apasionada encerrada en su celda. En este caso lo sabemos por sus escritos.

La pasión es algo que se vive dentro. A veces se manifiesta mediante gestos que son identificados de esa forma por los demás, pero otras veces no se exterioriza o no se comparte.

La pasión no es algo ajeno al propio individuo que la vive. ¿Cómo nos colocamos frente a la vida? La vida puede ser vivida como una rutina o con pasión. Cada pequeña cosa que hacemos puede ser vivida con intensidad. Eso podemos verlo fácilmente alrededor nuestro. En las diferentes profesiones. Hay gente que se dedica a algo porque eso le aporta seguridad económica, porque era lo más fácil, porque ya le venía dado, pero no aman lo que han elegido y por lo tanto, no crean nada. Pasan día tras día su vida de manera rutinaria, por muy interesante que nos pueda parecer su trabajo. En cambio, otras personas juegan, inventan, tratan de cambiar algo en su profesión o lo hacen lo mejor posible.

Alguna gente cuya vida es aburrida sueña con la pasión amorosa o una historia de amor que la saque del tedio y que le cambie la vida. Es la *fantasía de que nuestra vida cambiará desde el exterior: gracias a que aparecerá alguien que* mágicamente la transformará. Me recuerda a quienes dicen no tener deseos sexuales o no vivir el orgasmo y esperan que un día mágicamente alguien se lo produzca o le cambie la existencia. No digo que esto sea absolutamente imposible porque hay experiencias que marcan un hito, pero se mantiene la idea de que nuestra vida no nos pertenece, que alguien nos da la felicidad (o el dolor) y que las cosas tienen que venir dadas.

Si se quiere vivir la pasión hay que colocar los medios: *hay que vivir nuestra vida apasionadamente en lo cotidiano,* en las pequeñas cosas. Vivir nuestras propias posibilidades, nuestro entusiasmo y creatividad.

Otra *idea falsa es la pasión como un estado sin límite*. De ahí que, cuando no se puede seguir esa intensidad, creemos que ya no tenemos pasión. Un paciente tenía mucha dificultad para vincularse porque vivía intensamente el enamoramiento pero no sabía mantenerlo o hacerlo trascender. Sus relaciones concluían y no sabía muy bien cuál era su parte en esas rupturas. Estuvimos durante varios meses haciendo psicoterapia y un grupo de CE y DP y convinimos en que dejara pasar un tiempo para prepararse antes de volver a intentar una relación.

Pasado ese tiempo volvió a estar disponible. Se enamoró apasionadamente de un hombre que le correspondía. Estaba loco de alegría.

Al cabo de poco tiempo empezó, de nuevo, a plantearse las dudas de siempre. Cuando ambos tenían opiniones distintas sobre las cosas, él pensaba: "somos muy diferentes, esta relación no puede seguir adelante" Vivía bien la fusión pero no la separación, no podía soportar que hubiera diferencias, es decir que cada cual tuviera su personalidad, máxime cuando se trataba de discusiones sin ninguna importancia.

Por otra parte no soportaba lo que llamaríamos "lo ordinario": vivir simplemente el placer de estar juntos (normalmente se veían algunos días a la semana y pasaban juntos algunas horas). Como lo que hacían llegó a ser cotidiano, familiar, sencillo –se despertaban, hacían el amor, comían, paseaban por los jardines...– pensaba que, al no ser algo extra-ordinario y no estar viviendo intensamente la pasión de los primeros días, eso quería decir que no lo querría lo suficiente. A mi pregunta de cómo se había sentido durante el día, respondió que *se había sentido muy feliz en cada situación:* en la relación sexual, preparando una ensalada para la comida, paseando tranquilamente de la mano. Constataba lo enamorado que se sentía y cómo le gustaba aquella persona; sentía el amor pero... era algo tan sencillo... *como estaba relajado...*

¿Qué hacía frente a esto anteriormente? Creaba una situación de discusión o se enfadaba hasta tal punto que, inconscientemente, provocaba una ruptura. Entonces vivía intensamente el dolor, lágrimas, desespero, constatación de la intensidad amorosa ante la pérdida del amado, búsqueda de un nuevo encuentro, excitación ante la incertidumbre del amor del otro y de nuevo la vivencia de la experiencia pasional en el encuentro. Y así sucesivamente.

Éste es un mecanismo muy común. Hay personas que funcionan así en sus relaciones afectivas. A eso le llaman pasión. Confunden la pasión con las relaciones tumultuosas, o con la excitación y descarga sexual que aparece tras una pelea, y en una relación más tranquila, o donde no aparecen fuertes discusiones o crispación, se aburren. De ahí que inconscientemente se provoquen peleas o incluso un intento de ruptura para a continuación, en la intensidad del dolor, volver a hacer el amor para experimentar el deseo físico intenso y constatar así que el deseo y el amor se mantienen.

A la larga, este tipo de dinámicas: amor-odio, deseo-rechazo-deseo... entrañan el peligro psicológico de la destrucción y la autodestrucción. Las peleas cada vez tienen que ser más intensas para que el deseo suba.

En realidad, mucha de la tensión y de la angustia que se acumulan a lo largo del día, conflictos personales o de la relación de pareja, y que no se derivan del deseo y la tensión sexual, se canalizan sin embargo por esta vía. Momentáneamente se libera tensión física y psicológica y se mantiene la fantasía del amor-pasión mientras dura la relación sexual, pero, al no solucionar el origen real de la tensión, los conflictos reaparecen de nuevo.

¿Y el *límite de la pasión*?, me preguntaba un cliente. La pasión es como la excitación. La excitación no se puede mantener eternamente. Ha de combinarse con la *relajación*. En una relación sexual, si deseamos que ésta dure, hay que saber excitarse y relajarse, y en los dos momentos podemos vivir intensamente el placer. Si no, la excitación concluye con una eyaculación o con el agotamiento tras el orgasmo, cuando es el orgasmo habitual, hacia fuera.[33] En los juegos los/as niños/as pequeños/as no saben parar la excitación. Para relajarse concluyen llorando porque se han pegado con otro o su madre les da un grito y dice "¡basta!".

Algo similar creo que ocurre con la vivencia de la pasión: o se combina la excitación con la relajación para poder vivir las crestas de las olas, o imaginamos que algo o alguien tiene que parar aquello. De ahí, por ejemplo, que en la literatura o el cine aparezca fácilmente asociada una historia de pasión con la muerte. Uno de los dos personajes muere, o mueren los dos, o lo que era placer se torna dolor o violencia. Y así puede concluir. No tiene por qué ser así. Podemos amar las cosas apasionadamente, o vivir largo tiempo con la persona amada y no tiene por qué convertirse en una historia de crímenes, muerte, enfermedad o aburrimiento.

Pero *la pasión*, que tiene que ver con el instinto de unión, de fusión, también *puede vivirse desde la separación*, desde la identidad.

9. EL DESAMOR

El concepto de desamor es aplicable a determinadas crisis en las relaciones afectivas (relaciones amistosas, paterno/materno-filiales o amorosas). Podemos hablar también de desamor respecto a crisis en otros vínculos que establecemos como, por ejemplo, en relación a nuestro trabajo, a actividades con las que nos identificamos, etc., en donde se percibe que el vínculo afectivo que existía se rompe, pierde consistencia o desaparece. Se trata de crisis *significativas* para el individuo, en donde están presentes otros conceptos como la despedida, el duelo y la muerte.

La sensación de muerte puede experimentarse en diferentes circunstancias de nuestra vida: ante la posibilidad de nuestra propia muerte (vg.: tener una enfermedad grave o un accidente), frente a la muerte real de un ser próximo, a través de los sueños, mediante drogas, con prácticas avanzadas de meditación según distintas filosofías, en situaciones de crisis existencial o, como decía, en determinadas crisis de vínculos amorosos que constituyen crisis de desamor.

En este apartado me dedicaré a comentar esta última: lo que llamo el *desamor* en los vínculos amorosos y, en concreto, en la relación de pareja.

El desamor puede ser entendido como un proceso de muerte y cambio. Todo cambio implica que algo muere. Todo aquello que muere inicia un cambio: el inicio a otra nueva etapa. De repente, o poco a poco, se siente que ya nada era como antes, que no se vive a la persona como un ser tan maravilloso, no nos gusta igual que nos gustaba o deja de gustarnos, deja de seducirnos, o a la inversa, dejamos de seducirle ¿Qué ha pasado? Parece que desapareció la magia, la vibración, se deja de sentir un interés amoroso-sexual o algo nos revela que no es la persona que creíamos que era.

Toda muerte implica una *despedida* de algo. La despedida significa decir adiós a algo o alguien con quien teníamos un *vínculo*. En ese vínculo tenemos una parte de nuestra historia, de nuestras emociones, de experiencias pasadas que hemos compartido y que constituyen una de las bases de nuestra realidad actual.

Según como hemos mantenido ese vínculo, según haya sido el proceso de F/S, la implicación que hemos tenido en el mismo y la autonomía personal, según se realiza el proceso de despedida, o sean las perspectivas de reencuentro posteriores o no, nuestra disponibilidad al cambio de la vida, nuestras experiencias anteriores, nuestras creencias en torno al amor, etc. el proceso de desamor es vivido de una u otra forma, es más lento o más rápido, se cierra ese período o queda pendiente de una clausura.

En las despedidas hay una parte que pierdes y otra que ganas. Pierdes/ganas lo que dejas, la historia vivida, aquello que quedó atrás; ganas una nueva perspectiva de futuro.

La despedida final puede ser vivida como una *liberación,* puesto que recordamos fundamentalmente las malas experiencias pasadas, aquéllas que queremos alejar de nuestra vida. Otras veces nos situamos ante la despedida de algo pasado como una *pérdida* irreparable: recordamos sobre todo los buenos momentos que quisiéramos retener en nuestra vida que desaparecen, que ya no existen. Y esta nueva situación desconocida nos produce temor, incluso ante la perspectiva de que sea mejor que lo ya vivido.

Aprender a decir "adiós" –para después decir "hola"– es necesario para transformar las relaciones amorosas y personales en general. Es también imprescindible para el desarrollo y el cambio personal porque nos ayuda a entender la vida tal y cual es: un continuo fluir; nos ayuda a abrirnos a los cambios y a instaurar nuevas experiencias gozosas en nuestra vida.

Finalmente, hacer una *buena despedida* no es fácil. No solemos tener experiencia de ello, no nos han enseñado. Al igual que amar, que vivir, es un arte, forma parte de la creación de lo cotidiano.

LOS PEQUEÑOS "DESAMORES" Y LA TRANSFORMACIÓN COTIDIANA

Hay que tener en cuenta que *no* todas las crisis que se viven en la pareja –y con ella– son de desamor. Una persona puede estar atravesando una crisis personal o cualquier situación emocional difícil y eso repercute también en la pareja por su proximidad. O pueden ser crisis que, aun generándose por la relación de pareja no pongan en cuestión el vínculo, sino que, por ejemplo, recuestiona aspectos del "contrato" establecido o de la convivencia cotidiana.

En todo proceso amoroso hay pequeños episodios de "desamor". Eso es normal porque en el día a día hay cambios personales. Vamos cambiando y también la otra persona. Día a día aparecen nuevas circunstancias en nuestra vida y eso nos obliga a responder, a recolocarnos frente a ellas. Hay situaciones bastante extraordinarias: muerte de familiares, enfermedades graves, problemas económicos, pérdida del trabajo, cambios laborales, etc. y otras más ordinarias: los problemas cotidianos con los/as hijos/as, la limpieza y mantenimiento de la casa, la distribución del tiempo laboral, el ocio, la soledad, las respuestas a las demandas afectivas, la armonización del deseo sexual, los límites de EP y el acuerdo en el EP compartido, etc. La vida nos enfrenta a situaciones y emociones agradables –mejora de la autoestima, de la economía, conocimiento de nuevas personas interesantes, el reconocimiento afectivo, etc.– y desagradables –celos, desvalorización...–, frente a las que hemos de situarnos y también situar nuestra relación de pareja.

Día a día, consciente o inconscientemente reafirmamos nuestra elección amorosa o la desconfirmamos –iniciamos un proceso de desamor–. Una respuesta, una actuación del otro/la otra cuando no nos gusta, puede ser considerada tan importante que constituya en sí misma la clave para un desamor que concluya en ruptura –por ejemplo, cuando nuestra pareja hace algo repetidamente que consideramos éticamente inaceptable–, o bien, sin tener demasiada importancia, puede constituir una gota que, sumada a otras, llene un vaso que al final se desborda.[34] *Al igual que se inicia el proceso de amor –el enamoramiento– se sucede el de desamor, brusca o gradualmente,* y pueden desencadenar, o no, una ruptura.

No hemos de temer todo lo que percibimos como "desamores". De hecho, hay frustaciones que son vividas como pequeños "desamores" y que sirven para producir cambios. Ellos nos ayudan a hacer el duelo de lo que había anteriormente y nos preparan para crear algo nuevo, reestructurando la relación basándose en otros presupuestos

Reafirmar nuestra elección amorosa no supone el que la relación discurra sin problemas. En toda relación hay conflictos, discusiones... respecto a temas importantes o banales, planteamientos que no están claros, que queremos defender o renegociar, marcar límites..., en suma, que *sirven para reajustar la relación* y situarnos en ella. Son como pequeñas frustraciones respecto a nuestras expectativas, a la imagen ideal que teníamos de la otra persona, la imagen ideal de la relación. Pequeños desencuentros que nos ayudan a plantear la relación con más realismo, a darnos cuenta también de lo que no nos gusta del amado o la amada, a aceptar ciertos límites, y aun así reconfirmar nuestro amor, nuestra opción amorosa a pesar de las diferencias ("te amo a pesar de..."), negociar, transformar y reajustar nuestra relación, hacerla más sólida, ayudándonos también a realizar cambios personales. En ese sentido es claro que *no hay que romper una relación amorosa o cuestionarla a la menor discusión, frustración o vivencia de desamor.*

Hay que distinguir dos tipos de frustración: *a)* las *frustraciones en nuestra vida que no tenemos por qué aceptar* y *b)* las *que aceptarlas supone un avance creciente en nuestro desarrollo personal.* No tenemos por qué aceptar estar con una pareja que nos maltrata, pongamos por caso. Sería un sufrimiento gratuito; se puede solucionar desvinculándonos de ella y saliendo de la relación. Pero *sí* que tenemos que aceptar la frustación de que nuestra pareja no sea exactamente como desearíamos que fuera, tiene ritmos vitales diferentes o no podemos compartir con ella todos nuestros gustos; es imposible encontrar a alguien con quien no tengamos diferencias. No aceptar ciertas frustaciones sería como permanecer instalados en las fantasías idealizadas de nuestra infancia.

Hay "pequeños desamores" que sirven para producir cambios; otros, por el contrario, se viven como el principio del fin de la relación y constituyen un "gran desamor": *el desamor.*

EL DESAMOR

En el desamor hay sensación de muerte. Se advierte la muerte de algo que está concluyendo, que concluye, de algo que existía en nuestra fantasía o en la realidad de nuestra vida.

Cuanto mayor ha sido el vínculo, el dolor puede ser quizás más intenso. porque hemos hecho a la persona amada que formase parte de nosotras/os mismas/os, de nuestro mundo, a la vez que formamos parte del suyo. La hemos gozado también intensamente.

La vivencia del desamor raramente se vive de manera natural y suavemente. Esto ocurre pocas veces: cuando la implicación no es muy profunda, cuando hay miedo a vincularse y provocamos inconscientemente el desamor –deja de seducirnos– para romper la relación,[35] cuando deseamos romper ante la perspectiva de una nueva pareja, etc.

Pero, en general, no es fácil. No sabemos estar disponibles para dejar que algo muera porque no tenemos en cuenta que cuando algo muere, algo nuevo puede nacer. Se vive intensa y claramente la sensación de soledad y muerte. Soledad porque se es consciente de que nadie nos puede ayudar a pasar la experiencia, nadie nos la puede evitar; en el mejor de los casos la gente que nos rodea y nos quiere puede acompañarnos en el camino, pero el viaje tiene que hacerlo cada cual.

Las más de las veces, la vivencia que tenemos es muy dramática: es la sensación de impotencia, de no poder cambiar las cosas por más que queramos, de locura (no entender por qué ocurren las cosas, por qué ha tenido que ocurrir esto o aquello), es el deseo inconsciente de estar loco/a para no tener que enterarse de lo que no podemos soportar ("me vuelvo loco/a"). Algo parece desgarrarse en nuestro interior (de ahí expresiones como "sentir como si me arrancaran el corazón") o se siente un gran vacío interno.

A veces se puede experimentar un intenso dolor en las tripas y en el corazón, sintiendo como si el aliento –que parece escaparse a la altura del pecho– nos anunciara una muerte cercana. Quisiéramos escondernos, desaparecer o renacer como persona nueva en algún lugar donde nada tenga recuerdos, donde pudiéramos resurgir sin memoria histórica. Hay un coqueteo con la muerte y la enfermedad –deseo de huida– como si la persona no pudiera resistir tanto dolor y fantaseara con la idea de descansar tratando de escapar así de la situación, al igual que el animal herido se esconde a lamer su herida.

Es el *duelo* que conlleva toda situación de muerte. Hay un duelo que hacer, un dolor por la pérdida, una despedida pendiente.

El desamor puede experimentarse de dentro a fuera o de fuera a dentro; es decir, aparece como algo que va surgiendo de nuestro interior o como algo que proviene de fuera, del otro o de la otra.

1. El desamor de dentro a fuera:

> ¿CÓMO RECUERDAS LA EXPERIENCIA DE DESA-
> MOR EN TU VIDA? ¿CÓMO FUE EL PROCESO?

Cuando la persona que nos seducía no nos seduce, hay un cambio de percepción de esa persona; pudiéramos decir, una *desacralización*. Quizás no responde a nuestra fantasía, quizás su forma de pensar, de sentir, de actuar, no coincide con nuestros valores o nuestras expectativas, quizás se han dado cambios por nuestra parte que no se han dado en la suya, abriendo grandes fisuras en la comunicación. Se va produciendo una distancia afectiva. Hay pequeños duelos, pequeñas rupturas internas, se va marcando distancia afectiva y física.

Habitualmente hay *señales* que envía quien está en un proceso de desamor: falta de deseo sexual, evitación de situaciones de intimidad, evitación de contacto físico, aburrimiento cuando se está con la otra persona, etc. Paralela o previamente suele haber demandas: se pide, se critica lo que no se quiere; demandas a las que la pareja parece no dar demasiada importancia, considera banalidades o exigencias. Su respuesta es hacer caso omiso, o aparentemente no escuchar, silencios, o no dar la respuesta deseada. Suelen mediar también *discusiones o preparación para el desenlace,* como, por ejemplo, proponer una separación temporal...

Pero, ¡atención! *esos comportamientos, esos síntomas pueden darse normalmente en cualquier relación sin que por ello sean un síntoma de desamor.* Pueden darse fácilmente por conflictos intrapsíquicos, por depresión, por *stress*, en períodos de cansancio, en crisis existenciales, etc. Incluso, a veces una separación física temporal evita una ruptura.

Es decir, cualquier situación psicofísica conflictiva personal repercute en la relación de pareja y viceversa, sin que ello sea un desamor de la pareja. Pero *cuando se produce realmente desamor suelen aparecer también esas señales* que revelan el proceso que se está produciendo. Y probablemente un día se reconoce que el amor que existía ha desaparecido, que ya no mantenemos con la persona ese vínculo amoroso sino que -en el mejor de los casos- podemos quererla como amigo/a, pero no como pareja.

En todo ese proceso de desamor que puede durar semanas, meses o años, afloran muchas vivencias emocionales: tristeza, cólera, miedo, deseo de romper la relación, miedo de hacerlo, nos sentimos estafados/as, engañadas/os, sentimos extrañeza ("me parece un/a extraño/a", "¿qué hago yo aquí?", "¿qué hago con este hombre o esta mujer?"), quisiéramos que todo se arreglase, que se rompiera por fin la relación... tantas y tantas cosas, tantas y tantas emociones aparentemente contradictorias. La crisis, la muerte, el duelo.

Es probable que si el período ha sido lo suficientemente largo como para integrar todo esto —es muy subjetivo, porque cada cual necesita su tiempo—, el "adiós" de la persona desenamorada sea menos doloroso, ya que se ha ido viviendo la despedida y haciendo el duelo durante el proceso de desamor, hasta llegar a la ruptura. Fue un tiempo en el que se trató de cambiar la situación con la pareja, se trató de negociar, se le advirtió de la posibilidad de ruptura... Pero cuando estos cambios esperados no sucedieron en un tiempo más o menos largo, se propició la ruptura.

Uno de los elementos que he visto más frecuentemente en varones heterosexuales para que aparezca el desamor es el *miedo al vínculo*. El proceso suele ser:
deseo/enamoramiento/seducción para conseguir a la mujer...

Cuando ésta ha sido seducida y se abre previsiblemente una relación más estable, él teme ser atrapado y deja de sentir interés, desacralizándola y cortando la relación. En estos casos es como si hubiera necesidad de desenamorarse para poder huir.

Otro desencadenante del desamor puede ser la *des-idealización* de la que hablaba en el capítulo 4: El enamoramiento en el proceso amoroso. La persona deja de ser el personaje que nos seducía, deja de ser nuestra fantasía.

Pero ¿qué ocurre con la otra persona?

2. El desamor de fuera a dentro:

Imaginémonos que la otra persona no está desenamorada.[36] Si lo estuviera, todo resultaría relativamente más fácil.

Generalmente la persona que no está desenamorada no puede/quiere ver los signos que el otro/ la otra le va dando. Estos signos, como decía, pueden ser: no tener ganas de estar juntos, evitar el encuentro, procurar no hacer el amor acostándose antes o más tarde, o no creer que la amenaza de separación sea cierta.

La persona que no quiere que la relación de pareja se rompa, que desea mantener el vínculo o que ama, no puede ver esos signos, no los puede aceptar como reales, o no considera que tengan tanta importancia. De alguna forma no contempla, en lo real, la posibilidad de ruptura. Y así, cuando do su pareja desaparece entra en una crisis profunda porque, si bien aquél/aquélla fue haciendo el duelo durante meses, quien siente el desamor desde fuera y bruscamente debe hacer el duelo de golpe. Es como la muerte de un familiar que muere poco a poco o de repente. Ambas situaciones son dolorosas, terribles, pero cuando muere de repente hay que hacerla rápidamente –la realidad lo ha impuesto– con el agravante de la ausencia de quien nos tenemos que despedir.

Una/o dice: "me voy" cuando es su momento, pero al otro/a aún pueden quedarle cosas pendientes por concluir.

Por parte de quien sufre el desamor de fuera a dentro, aparece el sentimiento de abandono e impotencia: no poder hacer nada para conseguir o mantener el amor y la atracción. La pregunta es: "¿por qué?", "¿por qué ha dejado de quererme?", "¿por qué no le gusto como antes?", "¿qué ha pasado?", "¿qué he hecho?"

Veamos un caso típico:

> ¿CÓMO HAS VIVIDO EL DESAMOR?

Lola es una mujer abandonada por su pareja cuando, después de muchos años de convivencia, él decide retirarse a una comunidad espiritual.

Ella acudió a mi consulta muy deprimida. Lloraba incesantemente, tenía miedos, no podía estar sola, no soportaba su casa, no le encontraba sentido a su vida si su pareja no estaba con ella y se preguntaba mil veces: "¿por qué?", "¿por qué, si nos queríamos?", "por qué, si él me decía que yo era la persona que más quería en el mundo?", "¿por qué su motivación espiritual no la puede compaginar conmigo?", "¿por qué tira por la borda todos estos años?"

Durante aproximadamente un año –estuvo en buena parte de baja laboral por este motivo– ésta era básicamente su actitud.

Estuvimos haciendo sesiones individuales y la invité a participar en un grupo de CE y DP ("Crecimiento erótico y desarrollo personal"), en el que se trabajan, entre otros, algunos de los contenidos de este libro. En las sesiones se centraba continuamente en ella y en su dolor, pero en el grupo tenía también que mirar al exterior y conectarse con el placer –el placer de vivir– a lo cual ella se resistía. *No quería estar bien si no era con la vuelta de su pareja* –ésa era su fantasía constante: que él volvería– y *el placer,* en última instancia, *le parecía una estupidez. No quería salir del dolor, se "enganchaba"* al recuerdo melancólico que le aportaba dolor.

Mentalmente había una actitud de *negación de la realidad*: "no entiendo nada", "no puede ser, el volverá". La fantasía fundamental era que él volvía y sería como si no hubiera pasado nada. Incluso cuando recibía cartas de su ex-pareja confirmándole su decisión, ella no podía/quería aceptarlas y su fantasía continuaba intocable.

A lo largo del tiempo pasó de la tristeza a la *cólera*. Sentía rabia contra él porque: "me ha destrozado la vida", "me ha dejado con un dolor terrible... y, mientras tanto, él estará tan contento con lo que ha elegido". Sus fantasías entonces pasaron a ser de cólera y de daño: le deseaba que le salieran mal las cosas, que sufriera mucho (como ella), que volviese derrotado... Era así como lo visualizaba. Y a su vez, cuando se permitía expresar su cólera, se sentía culpable o con miedo a "perderlo". Esto le devolvía una autoimagen negativa, volviendo de nuevo a la tristeza, a la demanda y a la negación: "¡vuelve!", "¿por qué?", "no entiendo nada".

Poco a poco empezó a interesarse por los temas espirituales, religiosos, justificando que siempre había estado interesada por los mismos, pero reconociendo explícitamente que era como "si a través de ellos se sintiera más cerca de su él y pudiera comprenderlo". La fantasía era: "si hago lo que le gusta estará más cerca de mí, me querrá... y volverá". Se visualizaba a sí misma ingresando en dicha comunidad. Empezó a leer libros espirituales. Realizó un curso de psicoterapia que incluía también una integración de la espiritualidad. De alguna forma trataba, en su fantasía de *negociar* con él.

Cuando constató que aquello tampoco le servía, empezó a sentir como un gran *vacío interior, una tristeza profunda.* Sentía que "esto se acaba y me da mucha pena". Era como si no pudiese continuar aferrándose al dolor y negación anteriores, como si por una parte quisiera mantener aquellas fantasías y, por otra, su cuerpo fuera integrando los hechos. Mostró entonces una actitud ambivalente conmigo (amorodio): por una parte sentía que le ayudaba y por otra evidenciaba en las sesiones cosas que no quería ver.

Finalmente empezó a realizar cambios en su casa: la decoración, retirar ciertos objetos, recuerdo de su vida de pareja. Volvió al trabajo –éste se le hace pesado y está pensando en cambiar de trabajo– y también fue transformando su aspecto físico –el aspecto físico revela estados emocionales e interactúa sobre ellos–: de ir básicamente con colores oscuros, negros (se situaba desde el luto) a llevar más color. Cambió su peinado, su espalda pasó de estar encorvada a erguida y recuperó la sonrisa. Quería vivir, iniciar una nueva etapa en su vida y cerrar la anterior, *integrándola.*

En la actualidad, pasado un año, estamos trabajando el cómo transformar en ella misma su sentimiento amoroso en amistoso y poder mantener un vínculo amistoso que, evidentemente, no está exento de amor profundo, incondicional, con su ex-pareja.

En cada una de estas fases por las que ha pasado, incluso en la actual, vuelve de vez en cuando a conectar con momentos anteriores: "¿por qué?". "me ha fastidiado", "no lo entiendo", "quiero vivir..." y con resistencias al cambio.

EL DESAMOR Y LA MUERTE

Las razones por las que alguien decide romper la relación amorosa de pareja o el vínculo establecido no importan demasiado. ¿Qué más da la causa? Si alguien realmente desea partir hay que aceptar sus razones. Comprendámoslas o no, sean razonables o absurdas, estemos o no de acuerdo, responden al deseo de partir de la persona, y es una realidad que hemos de aceptar.

He comentado el caso de Lola como un caso típico en cuanto a las distintas fases por las que se va atravesando para poder hacer el duelo, la despedida de lo que fue y aceptar lo que es.

Veamos en paralelo las fases descritas por una autora de la que hablaré a continuación:

Primera fase: **negación y aislamiento:**

–La negación funciona como un amortiguador después de la noticia inesperada e impresionante, permite recobrarse al paciente y, con el tiempo, movilizar otras defensas, menos radicales.

–La primera reacción del paciente puede ser un estado de conmoción temporal del que se recupera gradualmente. Cuando la sensación general de estupor empieza a desaparecer y consigue recuperarse, su respuesta habitual es: "No, no puedo ser yo".

Segunda fase: **ira:**

–Cuando no se puede seguir manteniendo la primera fase de negación, es sustituida por sentimientos de ira, rabia, envidia y resentimiento. Lógicamente surge la siguiente pregunta: "¿por qué yo?"

Tercera fase: **pacto:**

–La fase de pacto es menos conocida pero igualmente útil para el paciente, aunque sólo durante breves períodos de tiempo. Si no hemos sido capaces de afrontar la triste realidad en el primer período, y nos hemos enojado con la gente y con Dios en el segundo, tal vez podamos llegar a una especie de acuerdo que posponga lo inevitable.

–El pacto es un intento de posponer los hechos; incluye un premio "a la buena conducta", además fija un plazo de "vencimiento" impuesto por uno mismo/.../ y la promesa implícita de que el paciente no pedirá nada más si se le concede este aplazamiento.

Cuarta fase: **depresión:**

–Su insensibilidad o estoicismo, su ira o su rabia serán pronto sustituidos por una gran sensación de pérdida.

La autora añade a esto la diferenciación entre una depresión reactiva y la preparatoria, y cita algunos sentimientos que se dan como los de culpa o vergüenza.

Quinta fase: aceptación:

–Si un paciente ha tenido bastante tiempo /.../ y se le ha ayudado a pasar por las fases antes descritas, llegará a una fase en la que su "destino" no le deprimirá ni le enojará.

–No hay que confundirse y creer que la aceptación es una fase feliz. Está casi desprovista de sentimientos. Es como si el dolor hubiera desaparecido, la lucha hubiera terminado y llegara el momento del "descanso final antes del largo viaje", como dijo un paciente.

Estas fases, que constituyen en si mismas mecanismos de defensa frente a situaciones difíciles, duran, según la autora, diferentes períodos de tiempo, y se reemplazarán unos a otros o coexistirán a veces.

Ésta es la descripción que hace Elisabeth Kübler-Ross en su libro *Sobre la muerte y los moribundos*[37] acerca de las reacciones de los enfermos moribundos desde el conocimiento de su enfermedad grave hasta su muerte.

Como se verá hay una gran similitud. El desamor, cuando es irreversible, como la muerte –hay un momento en que se conoce esa irreversibilidad– tiene que poder ser aceptado. Eso requiere una preparación, un tiempo en que todo nuestro cuerpo se prepara para la despedida. Todo nuestro cuerpo, está implicado. A veces quisiéramos –mental, intelectualmente– hacer una despedida rápida, pero nuestras emociones nos lo impiden y nuestro cuerpo no está preparado.

Creo que toda la amalgama de sentimientos por los que se atraviesa, de estados de ánimo, de fantasías y fantasmas (miedos), comportamientos de búsqueda de acercamiento y alejamiento, corresponden al proceso de desajuste entre el pensar, el sentir y el actuar, entre lo corporal, lo emocional y lo mental. Cuando se integra totalmente, con todo nuestro cuerpo sensitivo, pensante, emotivo y espiritual la despedida, se puede decir que ya hemos pasado el duelo y nos hemos despedido.

A partir de ahí la persona requerirá otro tiempo para hacer una nueva apertura, iniciar una nueva etapa, renacer a otro momento.

LA DESPEDIDA Y LA TRANSFORMACIÓN

l. El duelo

El concepto de duelo forma parte también del proceso amoroso.Continuamente se hacen duelos. Todo proceso implica cambios; los cambios implican pérdidas, cosas que dejas y, por lo tanto, despedidas y duelos, dolor.

Aceptar la transformación del enamoramiento idealizado a la vivencia de un amor con realismo implica un duelo. Las crisis de pareja son situaciones de duelo: algo se rompe, algo se deja atrás en cada una de ellas. *Pero los duelos ayudan también, no sólo a cancelar cosas sino a cambiar o a disponerse para los cambios.*

Todo duelo implica cancelaciones y generalmente un cierto sufrimiento.

El desamor, como todo cambio, tiene unos ritmos, como comentaba anteriormente. Puede suceder –como el enamoramiento– de forma rápida, bruscamente o de forma lenta, poco a poco; unidireccionalmente o bidireccionalmente. Evi-

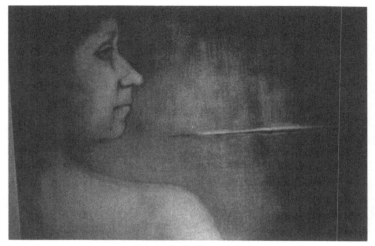

"Mujer". G. Roncalés.

dentemente es más llevadero en este último caso, y además, cuando se da lentamente, con tiempo para asumirlo e integrarlo. Pero dificilmente hay esa sincronía en las relaciones.

¿QUÉ DUELOS HAS HECHO EN TU VIDA?

2. Aprender a despedirse, aprender a reciclar

Quizás no nos demos cuenta pero a lo largo de toda nuestra vida estamos diciendo adiós continuamente. Adiós a nuestra infancia cuando entramos en la pubertad, a nuestra adolescencia cuando entramos en la juventud, a la juventud de nuestros cuerpos cuando nos hacemos más mayores, a nuestros hijos/hijas cuando crecen, cuando crean sus espacios de independencia o cuando dejan la casa; adiós a nuestros padres —aquellos de nuestra infancia— y a la relación que tuvimos con ellos, al trabajo que hemos tenido, a la casa en la que vivimos, a una amiga que se desplaza o que ya no consideramos como tal, a un amigo que muere, a un amor que deja de serlo... Cada período de nuestra vida deja atrás cosas que son irrecuperables —lo que ha sido, ha sido— porque es el pasado. El presente es otra cosa, contiene elementos del pasado pero es otra situación abierta a otras posibilidades y contiene el germen del futuro, que tampoco existe.

En cada momento presente —lo único real— estamos diciendo adiós a algo y abriéndonos a nuevas posibilidades vitales. Pasado y futuro están integrados en el presente, pero lo único que de verdad existe es el presente. El pasado ya no existe, el futuro no sabemos cómo será.

Sin embargo, frecuentemente vivimos más en el pasado o en el futuro que en el presente. Dedicamos gran parte de nuestra vida a quejarnos de lo infelices que fuimos en nuestro pasado (por culpa de nuestra madre, nuestro padre... nuestra pareja...) y con ello tratamos de justificar nuestra infelicidad actual sin hacer nada por cambiarla y quedándonos en la queja. Es como si continuáramos peleándonos situados/as en el pasado y esperando que ese pasado cambie. Y así, como el pasado no puede cambiar, vivimos la vida amargamente, sin darnos cuenta de que la llave de nuestro bienestar consiste en *cómo situarnos en el presente*. Sea como haya sido el pasado, hemos de poder integrarlo —extraer lo positivo— para nuestra vida actual, y ver cómo hacer para que nuestra vida actual sea como queramos que sea, situarnos en ella, vivirla lo mejor posible teniendo en cuenta las circunstancias externas, internas, los condicionamientos, etc.

Vivir el presente implica estar disponible para ir dicien-

do adiós al pasado, para cerrar episodios, etapas de nuestra vida. No para olvidarlas, sino para integrarlas como experiencia vital con todo lo bueno y malo que tuvieron y para poder integrarlas en su conjunto como una experiencia de aprendizaje para el presente.* "Se puede perdonar pero no olvidar", me comentaba la terapeuta Monique Fradot. Sí, creo que lo que "olvidamos" realmente no queda eliminado, sino que queda almacenado a nivel inconsciente, enquistado y a la larga actúa sin darnos cuenta y nos hace daño. Lo que recordamos –aunque sea con dolor– y podemos perdonar tras todo el duelo que haga falta, lo reciclamos emocionalmente y lo reconvertimos en experiencia positiva. "Para olvidar hay que recordar" según diría A. Mastretta.

3. La despedida y la transformación del vínculo

Uno de los temas que más suelen solicitarme en relación al trabajo con mujeres es el de la despedida y duelo amoroso. "¿Cómo expresar las emociones que siento?", "¿cómo cerrar por fín esta etapa o esta relación amorosa que tanto daño me está haciendo ?", "¿cómo salir de esta obsesión?", "¿cómo poder cancelar para poder de nuevo abrir?", "¿cómo llenar este vacío que tengo, que me ha quedado?", se preguntan.[38]

¿CÓMO HAS ELABORADO TUS DUELOS?

Para mí, lo importante de este tema no es sólo cómo hacer para salir del dolor sino sobre todo cómo transformar la relación internamente para cerrar lo existente, dar cabida a nuevas perspectivas y transformar posibilitando –si la otra persona también lo desea– un nuevo vínculo basado en la amistad, el cariño y el respeto.

Hay varios ejercicios que se pueden realizar para iniciar el tema de las despedidas y empezar a elaborar los duelos. A continuación expondré algunos:

Ejercicio: "Lo que mas amo de ti, lo que mas detesto de ti".

Siéntate sobre un almohadón frente a otro. En el almohadón que tienes enfrente de ti está sentada –imaginariamente– la persona de la que te quieres despedir. Mírala y respira. Ábrete a las emociones que aparecen. Fácilmente aparece el llanto, el sentimiento amoroso, la tristeza... o por el contrario, contactamos más con la cólera, sentimos rabia... No te niegues a ninguna emoción, respira y permítete sentirlas. Empieza por aquélla con la que hayas conectado en primer lugar. Supongamos que es el sentimiento amoroso y te sientes triste por la pérdida. Entonces te diriges a esa persona como si realmente estuviera presente y le dices:

1.- "X (Manuel, Carmen, Paco, Silvia...), lo que más amo de ti es..." y a continuación vas diciéndole todo aquello que te gusta de esa persona o te ha gustado, aquello que quieres agradecerle... a todos los niveles (pero ¡atención! sólo puedes decirle cosas positivas). Pueden ser cosas que ya le habías dicho en alguna ocasiones o bien que nunca te atreviste a decirle. Ahora es el momento.

Por ejemplo:

Antonio, lo que más amo de ti es tu mirada.

Antonio, lo que más amo de ti es cómo me animabas en los momentos difíciles.

Antonio, lo que más amo de ti es que sabes relacionarte bien con la gente, ...etc.

Es importante que sean frases cortas, que digas claramente la idea, pero que no te justifiques ni trates de explicar nada.

2.- Al cabo de un tiempo –unos diez minutos– pasas a decirle: "X, lo que más detesto de ti es..."

y le dices todo lo que no te gusta o no te ha gustado, las recriminaciones que quieres hacerle.

Date un tiempo similar al anterior. Si en cualquiera de los dos tiempos sientes que no se te ocurre nada, simplemente repites la frase hasta que de nuevo te surja algo, y continúas.

3.- Después colócate enfrente de los dos cojines marcando distancia con ellos. Míralos como quien está en el cine mirando una película. Desde esa butaca del cine trata de entender la película, de entender qué ha ocurrido en esa historia. Trata de verla sin implicarte en ella aunque puedas comprender los sentimientos de los protagonistas. No hay buenos/as y malos/as, cada cual ha participado con un rol en esa historia.

Fíjate también en la persona que hablaba (el personaje que tú representabas), cuál era su tono de voz, cómo se colocaba frente a la otra persona (ejemplo: tono de demanda, de súplica, autodepreciación, exigencia, resignación...).

Tómate el tiempo necesario para sentirte tranquila y en paz interiormente, comprendiendo la historia y a la vez alejada de ella.

En general, este ejercicio, así como otros en relación a los duelos afectivos, suelo recomendar que no se hagan estando sola/o, al menos las primeras veces. Yo los hago en las sesiones psicoterapéuticas. La escucha y la mirada terapéutica ayuda, a transitar el proceso y a dar pautas para la comprensión del mismo. En los grupos también enseño a la gente cómo acompañar en el duelo como una forma de relación de ayuda. En estos casos se trabaja por parejas: una persona elabora la despedida, tal y como lo he expuesto, y la otra persona está a su lado –o detrás de ella– en silencio y ayudándole a respirar e integrar las emociones. Luego se cambia el rol.

Este ejercicio puede realizarse sola/o como un ejercicio mental una vez entendemos cómo permitirnos la emoción y a la vez nos situamos desde fuera. Hay muchas variantes del mismo y distintas aplicaciones. Una de ellas, la más usual, es la relacionada con conflictos con la madre o el padre de nuestra infancia.

Hay que tener en cuenta que:

–*De cualquier persona que amamos también detestamos aspectos de ella.* Y no por ello dejamos de amarla.

–*De cualquier persona que detestamos también hay as-*

pectos que podemos amar, valorar, apreciar o agradecer. Y no por reconocer esto dejaremos de mantener la distancia que deseemos con esa persona.

–Podemos *reconocer el derecho a sentir y expresar –cuando lo deseemos– lo que nos gusta o no de los demás, el derecho a sentir emociones.* Las emociones no surgen voluntariamente, están fuera de nuestro control racional. Si nos permitirmos escucharlas, escucharnos, en vez de negarlas, poco a poco se van integrando, no nos harán daño y se convertirán en una fuente de autoconocimiento ayudándonos a establecer paz interior y paz con la otra persona.

–A la vez que nos permitimos vivir esas emociones, *hay que ir marcando distancia interna con esa historia que nos emociona,* ya que, precisamente porque estamos implicados/as en ella –no marcamos distancia– no podemos verla con objetividad.

Ejercicio: "Limpiar una habitación".

Colócate en una posición cómoda tumbada/o sobre el suelo. Cierra los ojos. Imagínate una estancia. Esa habitación está semioscura, de modo que a través de la poca luz que existe puedes ver su interior.

El interior de la habitación está repleto de cosas, amontonadas unas sobre otras, utensilios, muebles, objetos. Ha estado mucho tiempo sin limpiar. Date cuenta, cómo te sientes allí. Observa las cosas que hay en su interior. Fíjate en cómo huele.

Tómate el tiempo para decidirte a limpiarla. Cuando lo hayas decidido, imagínate que coges un trapo para el polvo, un mocho y una fregona y grandes bolsas para la basura...

Empieza tirando a la basura todo aquello que deseas eliminar de la habitación, bien para tirarlo directamente a la basura, bien para dejarlo fuera de tu casa. Puedes dejar la habitación vacía o bien dejar sólo aquello que desees mantener.

Imagínate ordenando la habitación, limpiando a fondo el polvo. Abre la ventana para que se ventile. Limpia el suelo.... Perfúmala con el olor que desees. Puedes poner flores si prefieres...

En estos momentos entra la luz por la ventana, ves la habitación totalmente iluminada. La miras y observas que en estos momentos está como deseas que esté, y su olor te resulta agradable. Imagínate que te colocas en una posición cómoda y te permites encontrarte bien en ella, disfrutarla.

Limpiar la casa, airear las ventanas, renovar la casa o renovarse... son expresiones de nuestra vida cotidiana que expresan cambio, transformación. Una casa limpia o una sucia son distintas, el aire enrarecido o el aire fresco nos hacen sentir de distinta forma. Cuando cambiamos nuestro corte de pelo, o el estilo de nuestra manera de vestir queremos vernos o mostrar algo nuevo... Por el contrario, tratamos de dejarlo todo intacto cuando deseamos que permanezca esa imagen, ese recuerdo.

> SI HAS HECHO ESTE EJERCICIO, ¿QUÉ ES LO QUE HAS VISUALIZADO, QUÉ HAS SENTIDO, QUÉ HAS PENSADO?

Generalmente cuando lo realizamos tomamos consciencia de que tenemos almacenadas demasiadas cosas, hay una cierta sensación de agobio y malestar, demasiadas negatividades: odio, rencor, culpa... que podemos tirar a la basura; objetos o recuerdos que podemos regalar o guardar en un armario para sacarlos quizás en otro momento de nuestra vida que no tenga la misma significación.

Empezamos a encontrarnos mejor cuando vaciamos la habitación y la limpiamos. Sentimos que hay más espacio, que podríamos poner otras cosas o, sencillamente, de momento dejarla vacía escasamente, quizás con una alfombra y unas flores.

La persona se da cuenta de la importancia del vacío. Si no hay vacío no podemos colocar otras cosas. Además, el vacío también es bello y refrescante. Si nos permitimos estar bien con el vacío, poco a poco nos daremos cuenta de qué queremos poner en su interior.

Una de las consecuencias de este ejercicio es que la persona, cuando se da cuenta de que es importante "limpiar" su habitación, su casa, su interior, de recuerdos del pasado que quedan estancados en el presente y que desea renovar, reiniciar una nueva etapa de su vida, suele empezar a limpiar efectivamente en lo real, su casa, haciendo un paralelismo con su proceso de limpieza interior. Se retiran y guardan ciertos objetos que tienen un valor sentimental, se regalan otros o se redistribuyen de forma distinta (por ejemplo, los muebles), creando nuevos espacios y la sensación de estar ante una nueva casa, distinta, confortable y sin las ataduras del pasado.

Ejercicio: "Regalar, desprendernos de algo"

Éste es un ejercicio para hacer, sobre todo, en grupo. Hay distintas formas de realizarlo. Una de ellas es:

Pedir que cada persona traiga para la próxima reunión grupal un objeto de su casa o personal que le guste y valore. Ese objeto ha tenido un valor simbólico en su vida en otro momento pero en éste ya no lo tiene. Puede desprenderse de él. A su vez, le gustaría que lo tuviera una persona a la que aprecia.

Los objetos envueltos y anónimos se depositan en una bolsa. Cada persona del grupo meterá posteriormente la mano y extraerá un objeto que considerará como un regalo.

Las personas que algún día amamos –lo mismo que los objetos– son valiosas en sí mismas al margen de que ya no lo sean para nosotras/os en la actualidad. Y ese valor que reconocimos en ellas, u otros que no llegamos a descubrir, puede ser apreciado por otra persona. Esa persona o esa relación que sentimos que no nos conviene, no nos hace feliz o nos lastima, puede ser interesante, satisfactoria o conveniente para otra .

Hay que dejar partir aquello que no nos va bien y abrirse a nuevas posibilidades satisfactorias.

El primer paso para iniciar una despedida es que realmente deseemos despedirnos. Parece absurdo plantearse esto cuando incluso se acude a sesiones psicoterapéuticas para conseguirlo, cuando la persona sufre tanto que parece desear por todos los medios cancelar esa etapa de su vida. Pero una cosa es lo que deseamos conscientemente –lo que se dice, o el pedir ayuda–, y otra muy distinta lo que deseamos inconscientemente, las resistencias que tenemos a cancelar esa historia de nuestra vida, a despedirnos realmente, lo que hacemos para recuperar lo perdido.

Las rupturas de las relaciones, pero sobre todo los procesos de ruptura interna y la despedida consiguiente, no suelen ser cosa fácil. Tampoco suelen ser algo uniforme y lineal. Por el contrario, aparece como ambivalente y contradictorio: querer y no querer, hacer gestos de ruptura y otros de acercamiento.

Frecuentemente existe una cierta lucha interna –y externa– para no desvincularse. Esto puede darse antes de la separación legal o divorcio (en el supuesto de que estén casados) como después de haberse dado éstos. Cuando las parejas no están casadas, igualmente puede no haber aceptación de la ruptura amorosa aun después de que, de hecho, ambos consideren que ésta existe tanto física como amorosamente.

Se puede pasar del intento de seducción del otro o la otra, a las discusiones con mayor o menor elevación de tono cuando la persona que trata de seducir se sienta frustrada en su objetivo.

Es como si de alguna manera se mantuviera el vínculo, aunque sea para pelear. En algunas parejas se establecen unas relaciones sadomasoquistas que podrían llegar hasta la destrucción mutua. El film: *La guerra de los Rose*, aunque expuesto de manera exagerada, puede ser una buena muestra de ello.

Posiblemente en este tipo de relaciones pueden estar jugando varias fantasías: la del amor ("todavía le amo/me ama"), la de la posesión ("mía/o o de nadie"), la de la seducción ("volverá a amarme")...

La situación se agrava cuando existen hijos/as de la pareja o asuntos económicos que solucionar o que mantener.

Es frecuente ver una resistencia a la desvinculación de la pareja en momentos en que parece inminente que ésta se dé, decide un embarazo o casarse.Evidentemente la situación se agrava o se alarga artificialmente para acabar en el final que estaba previsto hace tiempo.

Lo mejor que puede hacerse en estos casos es constatar el

momento que se está viviendo, tomar consciencia y no auto-engañarse.

Evidenciar la contradicción entre lo que hacemos –querer mantener el vínculo– y lo que decimos desear –la ruptura–, entre nuestro inconsciente y nuestro consciente, de forma que cada vez lo que hagamos se ajuste más a lo que queremos hacer en la realidad.

Toda despedida requiere un tiempo para poder hacer el duelo; tiempo que, como veíamos, está lleno de altibajos, de emociones diversas, de toda una revuelta interior por la que pasamos de los recuerdos agradables a los desagradables, al deseo de que las cosas se solucionen, al deseo de ruptura, etc.

Desde mi experiencia clínica y también personal he visto que se requiere un cierto tiempo para despedirse, que varía de unas personas a otras y de unos contextos socioculturales a otros. Hay gente que hace el duelo en relativamente poco tiempo y hay quienes durante años no se desembarazan de ese vínculo antiguo.

Es difícil que pasemos de una relación afectiva a otra sin un tiempo de duelo. Cuando esto ocurre y una persona, tras la ruptura de una relación, vuelve a establecer otra relación rápidamente, suele ser porque ya había hecho el duelo de la relación anterior durante la misma, o se teme la soledad y el fantasma del vacío afectivo con el dolor que hay que atravesar.

Por el contrario, considero que un cierto tiempo de soledad es imprescindible para hacer el duelo, integrar lo que ha pasado, lo que hemos vivido, cerrar bien la relación –perdonar y perdonarnos por los errores cometidos–, poder estructurar otro tipo de relación con esa persona y disponernos, abrirnos a otras posibilidades afectivas.

Ayudarnos, si es posible, de la gente que nos quiere, dejándonos acompañar y acoger.

10. AMOR Y REENCUENTRO

LA TERAPIA DE REENCUENTRO

La energía del amor no conoce géneros, pero los géneros, la polarización y escisión existente entre "lo femenino" y "lo masculino", entre las cosmovisiones de la "subcultura femenina y la masculina", plasman la energía amorosa de manera bastante distinta.

El que en mi trabajo incida en una visión de género no es para mantener las diferencias existentes. Habrá que llegar a trascender algún día esta concepción para poder alcanzar una forma de comunicación que, comprendiendo ambas cosmovisiones, permita el respeto a la diferencia. Pero no creo que eso sea posible desde la ocultación o negación de esas diferencias que hoy por hoy existen entre el mundo de las mujeres y el de los hombres,[39] que permiten el desarrollo sólo de una parte de sí mismas/os y niega o dificulta la otra. Encontrar ese punto en la comunicación desde un nuevo lenguaje, y entenderse sin perder nada de sí mismos, es el punto de Reencuentro por el que me interesa trabajar e investigar.

He denominado al enfoque de mi trabajo: "terapia de Reencuentro". En realidad me interesa el *Reencuentro como búsqueda de relaciones de paz que abarquen tanto la ver-*

tiente terapéutica –con una/o misma/o, en las relaciones, en lo social y *comunitario*– *como en el terreno educativo* –educación para la salud, educación para la paz–. Es el campo de la prevención y de la terapia, importante a tener en cuenta en cualquier momento del proceso evolutivo.

Reencontrarse es establecer puntos de *equilibrio consigo mismo/a,* de comunicación, de paz tras una búsqueda interior, de autonomía; es el reencuentro de cada cual como persona, con su cuerpo sexuado de mujer o de hombre; es el poder integrar los roles masculino y femenino.

Reencontrarse es conocer también *diferencias creativas,* en las personas, valorándolas y respetándolas como tales; es encontrar los puntos de sintonía, de *unión entre hombres y mujeres,* que nos permitan *hallar un lenguaje común* al margen de las particularidades, ese deseo de comunicarnos, de comprender y ser comprendidos/as que tenemos para poder canalizar nuestro afecto, nuestra necesidad de reconocimiento, nuestra creatividad o nuestro amor, y sentir a su vez que se nos valora, se nos respeta o se nos quiere.

Es sentirnos parte de lo social y agentes de cambio, es *participar en la comunidad.*

El Reencuentro es también aplicable a la *búsqueda de aportaciones diversas* para el desarrollo del ser humano. *Pueblos y tradiciones* tienen enfoques distintos de cómo abordar la comprensión del ser humano o reestablecer el equilibrio sanador. Si buscamos a fondo, en las diversas formas de sanación, de autocuración o desarrollo de todas las culturas hay ciertas pautas comunes que pueden servirnos de nexo de unión a pesar de las diferencias.

También en Occidente hay una multiplicidad de *aborda-*

jes desde el punto de vista terapéutico, enfoques que se plasman en escuelas. Cada cual pone el acento en algo –su percepción desde un prisma concreto– que puede ser importante tener en cuenta o que puede completar la comprensión de un hecho concreto, de un comportamiento, o de procesos psicodinámicos. ¿Por qué negar las aportaciones que nos parezcan valiosas? ¿Cómo podríamos reencontrarnos?

El Reencuentro con la vida, la naturaleza, el cosmos, nos ayuda a entender también nuestra propia historia, comprender la evolución de las cosas, el nacimiento, desarrollo y desaparición natural de las mismas para convertirse en otras. Espejos que, si los miramos, nos devuelven el conocimiento de nuestro propio universo interno y externo. ¿Qué ocurre si damos amor a una planta, si la respetamos o la cuidamos? Nos devuelve amor. Nos cuida el cuerpo con su perfume o su esencia-aromoterapia, fitoterapia, aceites esenciales... y el alma con su belleza.

MUJERES Y HOMBRES: UN REENCUENTRO POSIBLE:

1.- Diferencia entre hombres y mujeres[40]

Apuntaré aquí ciertas reflexiones acerca de algunas diferencias que he observado entre hombres y mujeres en el terreno amoroso y de los vínculos afectivos. Tan sólo son algunas notas que resalto y que pueden facilitar los debates en grupo.

Se trata de ciertos comportamientos generalizados. No obstante, en cuanto a las expectativas de género, hay personas que muestran roles invertidos o que tienen integrados ambos pares de opuestos, ambos roles. También quiero remarcar que actualmente, como fenómeno social, hay una movilidad de roles, apareciendo a veces roles invertidos en relación al modelo tradicional.

El sol y la luna combaten; el encuentro de los opuestos puede ser visto como sexual. Del libro *Alquimia*. Por cortesía de la Editorial Debate.

Muchas son las semejanzas vivenciales y comportamentales entre hombres y mujeres respecto al tema del amor, pero también hay sustanciales diferencias que, desconocidas por ambas partes, provocan dolor e incomprensión y la sensación de que hablamos lenguajes distintos, desde mundos muy distantes.

El proceso de enamoramiento o el desamor, por ejemplo, tienen unas secuencias, unas fases por las que hay que pasar, sea una mujer o un varón quienes los experimenten. Son *aspectos comunes* porque corresponden a las dinámicas de los procesos. Pero el cómo se viven los procesos, la forma de implicarse o de atravesarlos, pueden ser *distintos*. Todos y

todas sabemos qué es la seducción, cómo nos sentimos atra-
ídos/as por alguien y tratamos de atraer, pero el lenguaje de
la seducción es diferente en hombres y mujeres.

Todo esto convendría tenerlo en cuenta sobre todo a la
hora de abordar conflictos tanto psicológicos como sexológicos, o de salud psicofísica en general. Entender, situarse y
manejar mejor un conflicto supone comprender no sólo las
particularidades individuales, sino también la incidencia social, los condicionantes del género.

Si tuviera que resumir en una frase la diferencia esencial
que existe entre mujeres y hombres, la resumiría así:

1. Fusión/separación

*Las mujeres hemos aprendido a amar para la fusión y los
hombres para la separación.*

Ésta es una diferencia clave porque de ahí derivan otros
muchos aspectos: el EP, la distancia, el guión de vida, ciertos aspectos de sexualidad y relaciones de pareja, etc.

En el proceso educativo *a la mujer se le enseña a amar para
la fusión* y desde la fusión, es decir, para *carecer de EP* propio
o perderlo en el otro, y desde su carencia llenar así su vacío.

●

–El cuidar, el darse, la entrega:

La mujer, tradicionalmente, no tenía EP de reconocimiento social. Se le reconocía el espacio de la casa (hacerla agradable para otros), el de sus hijos/as (cuidarlos), la cocina
(alimentar a los demás), la pareja (que esté bien y pueda desarrollarse).

En la mujer se ha valorado el *"maternaje"*. El maternaje representa especialmente el cuidar. Las mujeres somos las cuidadoras de la familia (pareja, hijos/as, madre, padre) y de la casa. Acompañamos/cuidamos en la enfermedad y en la muerte (¿quiénes, si no las mujeres, pernoctan las más de las veces en los hospitales junto a la persona enferma?), cuidamos el desarrollo de los demás: la nutrición, la salud (las mujeres somos agentes de salud) y el mantenimiento general de la vida, incluyendo en ello el control cercano de la educación de nuestras hijas e hijos, como por ejemplo la ayuda en las tareas escolares (miremos la proporción de madres y padres que asisten a las reuniones escolares).

También escuchamos. La escucha es el cuidado psíquico y espiritual de la otra persona.

El *maternaje produce placer*. Da placer el dar placer. Da placer cuidar, ver la salud y el desarrollo y sentirse partícipe en el mismo. Éste es un aspecto de la creatividad: se crea no sólo a través del cuerpo la posibilidad de la vida –la alquimia de la creación–, sino en el mantenimiento de esta, en el día a día.

El problema consiste en que el maternaje, *la capacidad de dar a los demás, queda convertida en una exigencia social del rol femenino*. Las exigencias –lo impuesto desde el afuera– no constituyen fuente de gozo, por lo que el placer va derivando en dolor. Por otra parte, paradójicamente, en una sociedad patriarcal el maternaje no constituye un valor social comparable, por ejemplo, al prestigio laboral, el ascenso económico o el poder social.

Es además una exigencia sin contrapartida ("dar mucho sin pedir nada", "dar mucho y pedir poco"). ¿Cómo reciben las mujeres? La fantasía es: "si me doy a los demás recibiré algo a cambio: seré amada". El amor, el reconocimiento es importante en la vida de cualquier persona.

Pero ¿qué ocurre si, cuando se da, no se recibe ese amor esperado?, o ¿qué ocurre cuando, para ser amada, la mujer se autoanula? A la larga se genera tristeza y resentimiento.

A la mujer se le enseña a que su vida tiene sentido en la medida en que ella se entrega. Cuando se enamora encuentra la razón de su vida, el sentido de la misma: ya está para el otro, y espera que el otro esté para ella. Podría dejarlo todo para imbuirse de lleno en el otro, perderse en él, vivir para él y para la familia que crea.

●

–Ser objeto de deseo

También se valora en la mujer el ser objeto de deseo. Ser objeto de deseo sexual –y eventualmente amoroso– y también *da placer,* especialmente cuando ese reconocimiento proviene de las personas de las que lo queremos.

Sin embargo, de nuevo *eso se convierte en una exigencia* para las mujeres –han de ser deseables, bellas y con hermoso cuerpo según los cánones del momento– revirtiéndose de nuevo contra ellas porque socialmente tiene un sentido de *cosificación de la mujer: ser objeto de deseo de cualquier varón,* que puede desnudarla con la mirada o invadirla física, psíquica o verbalmente. Sin contrapartida: no se le acepta su capacidad de ser deseante, a pesar del presupuesto teórico de igualdad entre los sexos. La pérdida del deseo sexual masculino, o la impotencia ante mujeres deseantes y activas, como problemas sexuales actuales, demuestran lo contrario.

●

–La desvalorización

Con todo esto, las mujeres han crecido con una *falta de valor por sí mismas, interiorizando baja autoestima y desvalorización.* Esto es una cuestión importante en relación con las mujeres de cualquier país. No importa la clase social que tengan ni su profesión –serán más o menos autónomas socialmente, se sentirán más o menos realizadas laboralmente–, que sean casadas o solteras, el valor de ser objeto de amor –además de poder dar amor– tiene un sentido profundo en la vida de cada mujer. El ser amada va a significar tener un valor, ser elegida. El poder canalizar el amor dándolo a alguien que lo reconoce es una forma de experimentar plenitud –sentirse llena, tener un espacio lleno– y de placer. No olvidemos el enorme gozo que produce el amor.

El reconocimiento de ese vacío y la *recuperación de sí mismas con identidad propia (S),* la autoestima es un tema en el que se incide habitualmente en cualquier grupo de mujeres de autoconocimiento o terapéuticos como se constata en las distintas Jornadas y Encuentros nacionales e internacionales de mujeres.

Al hombre se le enseña a vincularse desde y para la separación para tener una identidad *social.* Lo que hace o hará es importante (su trabajo, sus *hobbies...*). Su voz y su palabra también serán tenidas en cuenta.

–El hombre tiene un valor social en sí mismo, un reconocimiento.

–¿Y el paternaje de los hombres? Éste es uno de los conflictos actuales: la ausencia del padre. Al varón no se le enseña a cuidar, a estar presente. *Sin cuidado ni escucha no*

hay presencia. De ello hablaré al hacer referencia a los grupos de hombres.

El mundo de los hombres es el espacio del afuera –el de las mujeres, el adentro–. El trabajo y el área social es su mundo, y el de las emociones –exceptuando la cólera– *queda relegado a un segundo plano,* inversamente a las mujeres.

● ● ●

2. *El guión de vida*

Una de las fórmulas típicas de *fusionalidad como guión y proyecto de vida,* como estructura relacional permanente, aparece al final de los cuentos clásicos para niñas: "...y se casaron y fueron felices para siempre..." (premio que se consigue por tener determinados valores y actuar según unos roles para seducir y ser amada). Es como mantener la fantasía de total completud que puede aumentarse con: "...y tuvieron muchos hijos" como fórmula de vida. Nadie imagina que un día Blancanieves y el príncipe puedan discutir sobre un asunto o que tengan criterios diferentes, porque cada cual tenga su propia personalidad, su manera de entender las cosas.

En las novelas de amor o en las fotonovelas se busca el momento de la fusión: el beso, el abrazo, el "te quiero" que concederá finalmente el varón, vividos como pequeños éxtasis fusionales.

Muchos de los cuentos tradicionales para niños eran historias de separación. Se trata de *héroes solitarios* que tienen una tarea importante que hacer. De ellos dependerá todo.

Si nos damos cuenta, poco han variado las cosas realmente desde hace generaciones, más allá de lo aparente. De los *juegos* de mi infancia a los de las niñas y los niños actuales no hay gran diferencia. Han cambiado los materiales, la tecnología... pero en esencia es lo mismo. A las niñas se les continúa dando juegos relacionados con el *aprendizaje de la casa* –cocinitas, labores... –y el *cuidado de los demás*: muñecos o muñecas que lloran, ríen, hacen pipí o hay que limpiarles los moquitos. Juegos para la puesta en práctica de su vida de adultas.

A los niños se les continúa dando juegos solitarios con *máquinas* –coches, motos, grúas, aviones, robots...–, monstruos y *juegos de guerra*: pistolas y armas sofisticadas recreadas en un *mundo de lucha entre buenos y malos*.

El chico pasa de identificarse con los héroes solitarios de antes)"El Príncipe Valiente", "El Guerrero del Antifaz" o "Supermán") a otros superhéroes del cine o la televisión ("Agente 007", "Rambo", etc.), héroes fuertes, duros, valientes. ¿Cabe el tiempo para el amor en estos héroes? El amor es algo secundario. Cabe, en algunos de ellos, la sexualidad. El sentido de sus vidas es su tarea. Todos ellos tienen una tarea que hacer: la lucha contra el enemigo. La percepción del mundo está dividida en buenos y malos. Por supuesto ellos pertenecen al mundo de los buenos y han de luchar contra los malos. Desde ese punto de vista *la fusión amorosa, el sentido de sus vidas se establece con la tarea.*

Uno de los conflictos íntimos y secretos de los varones es que el asumir el papel de fuertes y victoriosos en todo momento, además de una fantasía bonita, les es tremendamente agobiante y agotador. Es la máscara de un personaje prepotente de la que no saben cómo desembarazarse y que a su vez temen perder. Produce seguridad porque oculta los miedos.

La fusión amorosa con una pareja produce miedo en el

varón. Se la vive como la pérdida de algo, posiblemente de su identidad. Hay miedo a quedar atrapados permitiéndose esa experiencia cuando se produce un enamoramiento o a través de enamoramientos que, al igual que la relación sexual, pueden ser rápidos y fugaces. La mujer es temida a la vez que deseada (en varones homosexuales es similar, sólo que en relación a otros hombres objeto de deseo).

Uno de los problemas de la vida cotidiana de una pareja es que, pasado el enamoramiento idealizado, para el varón el amor en la relación adquiere de nuevo un lugar secundario. Esta suele ser una de las quejas de las mujeres.

Ese miedo al vínculo amoroso permanente, no esporádico, es un miedo general de los varones. Y sin embargo, tienen una necesidad profunda de ser amados.

Estas dos formas de entender la experiencia amorosa suele ser una fuente más de incomprensión entre los sexos. Implica un grado de frustración alto para las mujeres, que constatan con angustia que su relación de pareja no es como habían soñado y viven mal la prioridad de su pareja por "sus cosas" antes que ella, que la relación; a la vez que los varones no entienden la demanda de las mujeres ni saben cómo vincularse de otra forma, sintiéndose agobiados y con deseos de escapar cuando escuchan que su pareja les dice: "hemos de hablar de nosotros".

A nivel educativo, es importante tener en cuenta los conceptos de F/S para entender comportamientos en la niñez y adolescencia.[41] Hay períodos en los que la necesidad de S queda muy patente. Es el intento de ir elaborando el yo frente a la madre/padre. En *la adolescencia* se añade también la búsqueda de un lugar social. Hay una gran necesidad de decir "no" como forma de desmarcarse de la familia, del mundo adulto. Hay una búsqueda de la propia identidad como personas jóvenes, de encontrar puntos de referencia distintos, crear su sistema de valores, etc.

Generalmente las fases de separación se hacen de manera muy brusca; más desde la necesidad de oponerse para diferenciarse que desde un criterio propio. Un ejemplo típico que relatan las madres y padres con hijos/as adolescentes es el sistemático rechazo frente a lo que proponen, piensan o dicen. Es su manera de decir: "yo soy diferente".

Esto, si bien es el proceso normal de desmarcaje, también implica angustia para el/la adolescente, dado que, en el interés por separarse, no se permite un ciclo F/S más flexible. Se crean las condiciones para que no haya F (mal comportamiento, rechazo), con lo que la demanda afectiva que tienen queda insatisfecha aunque, compensada en parte por la creación de otras relaciones.

Hay que entender que es un período necesario para estructurar de nuevo los vínculos; la compulsividad del "no" se suaviza con el tiempo, hasta que, construido su yo de manera mas sólida, no se siente amenazado/a ni teme perderlo.

Desde nuestra óptica adulta puede parecernos extraño e incluso producirnos cierto miedo la idea de una pérdida de identidad, y ante esa idea de entrega deseamos afirmar nuestra independencia. Sin embargo, difícilmente puede ser independiente emocionalmente una persona que no ha podido o no puede vivir también la fusión. Esto será más fácil de comprender para quienes trabajan en el campo de la educación y de la psicoterapia. Muchos problemas de comportamiento, de identidad, tanto en niñas/os como en adultos/as, parten de deficiencias en ese terreno durante la niñez. La falta de contacto físico y emocional en las primeras edades, o por el contrario, el excesivo contacto, abrumador, agobiante, asfixiante, pueden repercutir en las relaciones de una persona con los demás, con el mundo, consigo mismo/a. Se tiene dificultades para "estar con..." y para "estar consigo", es decir, para la fusión y para la separación.

● ● ●

3. Seducción

En cuanto a la *seducción*, en términos generales, *la mujer se expresa más fácilmente que el varón con el lenguaje del cuerpo, mientras que éste lo hace con el de la palabra.* El varón seduce en gran medida con el lenguaje verbal –lo que dice y cómo lo dice– mientras que es relativamente inexpresivo con su cuerpo, exceptuando algunas partes que expresan más claramente el deseo, como la mirada o la sonrisa.

A la mujer le es fácil, además de con esas partes del cuerpo –ojos, boca– expresarse con el movimiento corporal. No olvidemos que la palabra de la mujer tiene poca relevancia a nivel social. Por su parte, en general, los hombres se sienten ridículos al utilizar su cuerpo para la comunicación erótica. Tanto en un caso como en el otro no suele haber centramiento ni armonización entre el pensar, el sentir y el actuar. Algunas expresiones de mujeres o de hombres son meros comportamientos automatizados: muchas veces se reproduce lo que se supone que es lo que espera el otro más que lo que realmente se desea expresar.

La mujer tiene, según su psicoerotismo, una *mirada global*. No se siente seducida tanto por unas características corporales como por la personalidad y por las fantasías que coloca en esa persona. Una persona bondadosa o que la ame profundamente puede resultarle más atractiva que otra más bella. Ello no quita para que, con los nuevos valores de consumo, también se sienta atraída por determinados clichés físicos, pero en el fondo existe el cómo se imagina que serán esas personas amorosa y sexualmente con ella.

La importancia del cuerpo en los varones es mayor que para las mujeres y *la mirada de éstos es genital y parcelada* –¿por qué las imágenes pornográficas son excitantes para los varones y poco o nada para las mujeres?– dirigiéndola al aspecto físico y en concreto a la zona de las nalgas, los pechos, los genitales o la boca. *Se fetichizan los cuerpos* por parte de varones de prácticas tanto homo como heterosexuales, lo que a veces supone un límite para la materialización de un vínculo amoroso. El cuerpo fetichizado es un elemento de aproximación, pero también de alejamiento o rechazo, porque pocos cuerpos se asemejan al fetiche.

En relación con este tema es interesante transmitir a *nivel educativo* que *no podemos seducir a todo el mundo.* Cada persona, por su estar, por sus gestos, por sus actitudes, seduce a unas personas y no seduce a otras, y eso no tiene nada que ver con lo interesante que ella misma sea.

El sentirse amado/a mejora la autoestima en general, y en especial en la infancia y la adolescencia, un período en el qu conviene incrementar mucho la autoestima, dado que se produce todo un conjunto de cambios hormonales por los que la/el adolescente se encuentra alienada/o de su cuerpo y no puede identificarse con él porque estos cambios transforman de tal manera su aspecto que no se reconoce, y no sabe cómo asumir sus pechos, su pene, sus piernas y brazos desproporcionados, su menstruación..., sus impulsos y fantasías sexuales, etc.

Se encuentra fea/feo porque, al haber incorporado los valores de los estereotipos sexuales, encuentra que no da la talla: tiene granos, está demasiado gorda, demasiado flaco, no tiene músculo, no tiene vello... En última instancia, todo esto viene a constituir un gran miedo: no voy a seducir, no voy a ser atractiva, no voy a ser querido.

Esto, añadido al sufrimiento por las bromas –inocentes o crueles– de compañeros/as y adultos/as, produce verdaderos estragos en la autoestima.

Algunas técnicas de expresión corporal ayudan a expresar el miedo, la tristeza, la alegría, la cólera, etc., como a darse cuenta de la relación entre emociones y movimiento. A través de la comunicación no verbal, las expresiones verbales y corporales, y con video, trabajo en los grupos de CE y DP ciertos problemas *psicoterapéuticos y sexológicos.*

Muchos conflictos en el campo de la *sexología* se producen por la falta de seducción en la vida cotidiana: desde el aseo personal a la falta de seducción en la vida en común, que se convierte en algo rutinario. Otros tienen que ver con mensajes contradictorios que enviamos, por ejemplo ese doble mensaje de deseo (abrir) y miedo (cerrar) que se expresa cuando a veces deseamos hacer el amor y a la vez hay un cierre corporal.

● ● ●

4. Sexualidad y enamoramiento

La sexualidad en la mujer está muy unida a la afectividad, al amar y sentirse amada, tanto sean mujeres de prácticas heterosexuales como lesbianas. No ocurre igual en el varón, homosexual o heterosexual. Existe en ellos una mayor escisión entre lo fisiológico y lo sentimental, exceptuando el estado de enamoramiento donde ambos aspectos se unifican. Cuando surge un enamoramiento, la mirada se convierte en global, porque se percibe a la persona amada como una totalidad absolutamente hermosa, revestida de las mejores cualidades, que embellecen lo que de otra manera podría ser considerado vulgar o imperfecto.

Algo a destacar en los varones es el *miedo al compromiso*.

Tras un primer tiempo en donde existe un cierto enamoramiento, deseo, búsqueda intensa de la otra persona y excitación, llega un momento en que esto se consigue y se pierde el interés, la motivación, como si el placer estuviera más en la lucha por conseguir que en lo obtenido. Lo que antes se vivía como deseo ("¡quiero!") ahora pasa a ser agobio. Se encuentran como atrapados en sus propias promesas, en la situación creada de la que no saben cómo salir ("¿dónde me he metido?") y de la que desean salir huyendo.

Hay como un movimiento interno de discontinuidad o ruptura con el período anterior, resultándoles difícil hacer la transición del proceso amoroso. Hay miedo al compromiso, a la implicación en la relación.

En la mujer el enamoramiento puede ser gradual o rápido —en el varón suele ser rápido–, pero cuando *ya* hay deseo y enamoramiento tiende a la *continuidad*. Hay una *implicación y compromiso* mayor, con todo el cuerpo, especialmente cuando ha habido por su parte entrega sexual.

La sexualidad no se vive igual en hombres que en mujeres. Para la mujer la entrega sexual no es una banalidad, ni aunque sea habitual en ella la práctica sexual abierta con distintas personas. Tiende a ser *selectiva*, no se relaciona con cualquiera. Elige, y en esa elección hay una cierta entrega interior, una forma de compromiso y la fantasía de continuidad posterior, especialmente cuando las relaciones son gratas.

La perspectiva del varón no es la misma. En principio, la relación sexual es un acto puntual y sin compromiso futuro. Se muestra como más *indiscriminado* en las relaciones, como si casi cualquier mujer o varón –caso de las relaciones homosexuales– sirviera para el encuentro, y ello no presupone ni compromiso posterior ni entrega emocional. Es vivido habitualmente como una práctica físicamente necesaria e importante; no es vivido de igual modo por las mujeres ni aun reconociendo el derecho a su propio cuerpo y goce sexual.

Otra diferencia importante entre mujeres y hombres y que entiendo como la relación continuidad/discontinuidad, el adentro/el afuera, la globalidad/la genitalidad, es que, una vez que existe una estructuración de pareja, *la mujer tiende a esperarlo todo de su pareja,* del ser amado. Desea un compromiso interior, no le basta el compromiso social (éste, en sus diferentes formas, es el reconocimiento social de ser amada). No le interesa sólo la forma, sino el fondo. Y en ese sentido pone su energía en el *mantenimiento* de ese vínculo, y la *continuidad* del enamoramiento. De ahí la queja de las mujeres: "ya no me quieres", "ya no eres como antes"... en cuanto que sienten que su vida de pareja se hace monótona, rutinaria o el varón pierde interés de compartir con ella actividades lúdicas que hacían anteriormente, como salir a bailar, cenar, excursiones, o simplemente largos paseos y tiempo para hablar. Y todo eso espera recuperarse en el marco de la pareja, en el espacio del adentro.

Sin embargo, con frecuencia *los varones perciben dos marcos: el de la pareja y el del afuera,* donde están "las otras". Hay como una escisión, una ruptura entre esos dos mundos. Se pone mucha energía durante el enamoramiento o hasta que se consigue a la persona deseada, y una vez ya establecido el vínculo, se teme el compromiso y, más que cultivar ese vínculo, se perciben "otras posibilidades".

Poco a poco tienden más a estar en la excitación, en la seducción, en lo lúdico "fuera de casa", con otras mujeres, que con la pareja. Quizás como necesidad de reafirmación, quizás por la poca implicación, quizás por la separación entre sexualidad y afectividad... (éste como otros aspectos, puede ser un buen debate para grupos de hombres).

● ● ●

5. El EP y la estructura del vínculo afectivo

En cuanto al EP y la estructura del vínculo afectivo, el modelo propuesto como ideal, tanto para varones como para mujeres, actualmente es el de interdependencia. Y los conflictos con los que se encuentran también son similares: confusión, no saber concretamente cómo manejarse en ese modelo.

Aunque no son muy frecuentes se observan algunos casos de mujeres que proponen como ideal la soledad, no establecer vínculo (modelos de separación total o soledad). En muchos casos se trata de momentos de duelo en donde se está más en la S como una respuesta reactiva después de una ruptura amorosa. Pero también se está presentando ahora en algunas mujeres como un ideal de S –lo que anteriormente correspondía más al patrón masculino–, de independencia, de no vínculo, teorizándose la soledad frente a la dificultad de relacionarse.

Aparecen también casos aislados de varones que proponen el modelo de fusión utópica en períodos de enamoramiento o con vínculos recientes de pareja.

Otro de los conflictos en torno al espacio es: *las mujeres tienen mucha facilidad para integrar espacios*. Esto tiene un aspecto muy positivo en cuanto que pueden coordinar varias cosas a la vez. Pero uno de los problemas que aparecen es que *no se sabe separar los espacios* y la confusión de los mismos puede acarrearles muchos problemas de relación. Eso se manifiesta en algunos conflictos de relaciones entre mujeres: a veces se confunde el espacio relacional de amistad con el materno-filial y el de relaciones laborales, que son distintos.

Por el contrario, en *el varón existe la dificultad de integración de los espacios, y tiende a mantenerlos separados*.

● ● ●

6. Desamor

A la mujer le cuesta aceptar que la relación con su pareja está internamente rota, que hay desamor, desinterés, relación rutinaria o de conveniencia. Es por eso por lo que insisten en "arreglar" las cosas, en hablar, en cambiar pautas de la relación. Existe una esperanza de que las cosas vuelvan a ser como antes. Ateniéndonos a las fases de las que hablaba Kübler-Ross, oscilan de la negación a la ira, la negociación o la depresión. Hay resistencia a la aceptación.

Pero mientras la mujer se debate en esas emociones, el varón generalmente se muestra ajeno a ellas y verbaliza en las entrevistas –con o sin su pareja– que no entiende demasiado qué le ocurre a ella. Llevan una vida normal: no tienen problemas económicos, tienen buenos/as hijos/as, un trabajo, gozan de buena salud..."¿qué es lo que ella quiere?, por lo que la insistencia de la mujer en cambiar algo les resulta como un martilleo constante.

Tras una ruptura amorosa *la mujer tiende a la continuidad del vínculo,* reconvirtiéndolo en cierto tipo de amistad. Ésa es, al menos, la fantasía que subyace al margen de que en ese momento haya resentimiento, ira o cualquier otra actitud negativa ("me gustaría que pudiéramos ser amigos porque en el fondo le quiero").

El varón tiende a romper los lazos cuando la relación de pareja ha concluido ("no puedo/quiero ser su amigo").

El período de duelo suele ser más largo en las mujeres que en los hombres, que inician más pronto otras relaciones.

●

Muchos de estos comportamientos que corresponden a patrones tradicionales masculinos y femeninos están, como decía al principio de este apartado, teniendo una gran movilidad. Los adscritos al varón pueden verse también en mujeres y viceversa.

Desde lo personal y como colectivo las mujeres llevan un tiempo cuestionándose quiénes quieren ser y cómo desean sus relaciones. Este hecho y su desarrollo en el mundo laboral ha incidido en que, si bien han interiorizado unos comportamnientos y valores –desde la subcultura femenina– están también asumiendo otros tradicionalmente masculinos. Esto hace que estén integrando ambos aspectos. Al igual que decía en *Psicoerotismo femenino y masculino* están desarrollando la globalidad y la genitalidad, y a otros niveles se está haciendo lo mismo con la F y la S, con la sexualidad y los afectos, etc.

La proporción de participantes en los grupos de autoayuda, desarrollo personal, sexualidad o relaciones personales en general, es mayor de mujeres que de varones. Si bien estos están cuestionándose como personas individuales, todavía no lo están haciendo como colectivo, exceptuando ciertos grupos aislados.

El conocimiento de las pautas de conducta ayuda a la comprensión y permite el replanteamiento de lo que queremos, el diálogo y los cambios.

2.- *Grupos de hombres, grupos de mujeres y trabajos comunitarios*[42]

Hasta 1986 trabajé, además de en la consulta clínica, con grupos de mujeres y grupos mixtos. Aquel año inicié cursos para colectivos de mujeres latinoamericanas y algunos hombres, que eran "multiplicadoras/es" sociales, es decir, trabajaban para la formación, ayuda o desarrollo de comunidades, en sectores de la población o trabajaban en ONGs (organizaciones no gubernamentales).

A partir de entonces enfoqué mis trabajos no sólo como desarrollo personal y relacional, sino también comunitario, es decir, con la perspectiva de fomentar estructuras sociales solidarias.

Fui trabajando con *grupos de mujeres* que surgían por tener unas características similares o con una problemática específica como comunidad: problemas de salud mental, mujeres de un barrio, mujeres presas, etc.

Otros eran para mujeres "multiplicadoras" o formadoras, es decir, para aquellas que atendían a la comunidad desde distintas áreas: salud en general, salud mental, servicios sociales o educación.

En cuanto a los *hombres,* trabajaba con ellos en los *grupos mixtos* de CE y DP (nivel I) que organizaba.

La dinámica de estos grupos (mixtos) logra de hecho cambios importantes tanto en lo personal como en las relaciones entre ambos sexos, entre hombres o entre mujeres. Sin embargo, tras esta experiencia en la que el grupo era una entidad de apoyo y constituía una pequeña comunidad, esta red de comunicación se disolvía y algunas personas se aislaban de nuevo. En concreto me preocupaba especialmente el caso de los hombres, hombres que por otra parte estaban en un proceso importante de búsqueda interior y de integración de roles.

De hecho, las mujeres han creado recursos grupales desde hace tiempo y es frecuente la asociación e integración en núcleos de mujeres para reunirse, debatir sus problemas y ayudarse mutuamente; muchas ya están integradas en esos núcleos o los establecen posteriormente.

Los varones, por el contrario, están solos porque les resulta difícil comunicarse íntimamente fuera del ambiente grupal, de modo que, cuando esta "tarea" acaba, tienden a volver al aislamiento.

Con una perspectiva no sólo terapéutica sino comunitaria, decidí ayudar a *crear estructuras comunitarias en los hombres* a los que había acompañado en un tramo del camino. En cuanto a las mujeres, pensé que un tema que iría apareciendo sería el de las *relaciones entre mujeres* y que entonces se podría explorar: de vínculo fusional (F) a la S.Lo opuesto a los varones.

Creé un nivel II de CE y DP. La estructura de estos grupos es diferente al nivel I. No es un grupo mixto. *Es un gru-*

po de hombres y de mujeres que funcionan paralelamente con el mismo programa de trabajo –algunos de cuyos contenidos forman parte de este libro– y periódicamente se reúnen y constituyen un *grupo mixto* que coordino. Ambos grupos de hombres y de mujeres, se reúnen por separado una vez al mes conmigo, y el resto de semanas se reúnen autónomamente para reflexionar sobre diferentes temas o para trabajar sobre la dinámica interna del grupo, coordinado en cada ocasión rotativamente por una persona del grupo.

La idea es: cada persona hace su propio viaje interior, su desarrollo como persona y en grupo. El grupo como tal sirve de apoyo y constituye una representación de lo que se podría considerar la subcultura femenina o masculina. La mujer y el varón van a ver reflejado, en su propio grupo qué aspectos han condicionado su estar en el mundo, sus relaciones, su percepción de sí o sus problemas, en cuanto que van a ver, repetidos en sus iguales, aspectos de su propia historia, de sus expectativas o sus miedos.

El grupo de iguales es una estructura de apoyo que aumenta la confianza en sí mismo y la seguridad por los lazos solidarios que se establecen. Y eso es bueno para las personas. Sienten que tienen un lugar donde expresarse y ser comprendidos/as, y ello les da también un *sentido de pertenencia*, crea vínculos... aprenden a quererse.

Ése es un primer paso. Un segundo paso en el proceso de desarrollo sería abrir la mirada del propio grupo al otro.

Desde caminos distintos, desde el propio reencuentro cada persona se reencuentra con las demás sintiendo que cada cual hace su viaje como puede, como sabe, aprendiendo a través de aciertos y errores, pero que estamos en el camino, estamos en un proceso de desarrollo porque queremos

tener unas relaciones más igualitarias, justas, solidarias y amorosas.

Muchas son las cuestiones que se plantean en los grupos de hombres y de mujeres en torno a los vínculos afectivos y que constituirían materia de otro texto. Tan sólo quiero comentar aquí dos puntos:

a) *La ausencia del padre y la búsqueda de identidad masculina.*

Destaco este tema por lo relativamente nuevo y porque surge espontáneamente como una queja y debate en los *grupos de hombres*, generalmente después de hablar de la madre.

Los movimientos de mujeres se han ocupado mucho de la búsqueda de la identidad de la mujer. Se ha debatido y escrito, entre otros temas, sobre las relaciones con la madre y, poco todavía, con las otras mujeres —uno de los temas importantes a debatir— y con los hombres. El replanteamiento de la mujer repercute evidentemente en el mundo masculino con un cuestionamiento de sus valores y de sus comportamientos. Muchas veces los varones no saben qué hacer ni cómo comportarse.

A diferencia de las mujeres, los varones están solos. No existen prácticamente grupos de hombres de autoayuda[43] –los varones no reconocen sus problemas emocionales, su soledad, su miedo, su tristeza– ni tienen realmente amigos. Las relaciones masculinas se centran en el trabajo o en juegos (tenis, excursiones, prácticas deportivas o lúdicas), donde no se tocan los problemas emocionales ni se cuestiona el sufrimiento masculino en cuanto a su propio rol.

De la exposición "Covergencia 75", sobre el tema del hombre y la máquina. (Con la autorización de la autora y el propietario del cuadro.)
Autora: G. Roncalés

Los hombres están desconcertados y solos. Se quejan del padre ausente. La madre, muy presente –frente a la que todavía continúan reivindicando su identidad–, les agobia. Las madres, tanto si constituyen una familia monoparental como si viven con su pareja, han de hacer la mayor parte de las veces el rol femenino y masculino, de madre y de padre porque el padre, tanto si vive junto al hijo como si no, suele permanecer ausente. Ausente en la presencia física "está poco en casa", "no está", dicen, de sus padres –tanto las mujeres como los hombres–, como en el estar, en la presencia emocional, en el cuidado. Son "padres faltantes" (como diría Guy Corneau) lo que significa tanto la ausencia espiritual como la ausencia emotiva. También comprende la noción de un padre que, pese a su presencia física, no se comporta de manera aceptable.

"Henry Biller habla de la calidad de la relación entre padre e hijo, y la coloca al mismo nivel de importancia que la presencia del padre en sí. Afirma que aunque el padre manifieste sus cualidades de independencia y de capacidad en su trabajo, su hijo corre el riesgo de volverse un individuo pasivo que no se autoafirma si su padre, al llegar a casa, ajeno a las actividades familiares, sólo se sienta en el sofá a ver la televisión. Y esto significa que debe pasar tiempo con sus hijos. Los nueve minutos diarios que, como promedio, los padres consagran a sus hijos según estudios estadounidenses, son francamente insuficientes."[44]

En el sentido amplio del término, los hombres no han sido cuidados por sus padres, como posiblemente sus padres tampoco lo fueron de sus abuelos...

De ahí que para identificarse con el rol masculino, para saber comportarse como hombres, tienen que copiar al padre y ser asimismo ausentes (queja de las mujeres: "no saben cuidar"). O bien rechazan el modelo; pero no hay otros modelos de varones que les parezcan adecuados y no saben cómo pasar al mundo de los adultos masculinos. Antiguamente, en la medida en que el joven trabajaba con el padre en el campo, por ejemplo, podía identificarse con él, para luego marcar su separación, su diferencia. En la actualidad existe un vacío. De ello empiezan los hombres a darse cuenta, y sanan esa herida desde los grupos de hombres.

Quisiera ejemplificar esto con el resumen de una entrevista que tuve recientemente con un hombre de treinta y un años. Venía derivado de un servicio de psiquiatría y presentaba síntomas depresivos y problemas de identidad.

Durante las primeras sesiones mostraba mucha hostilidad hacia su madre y su padre –con quienes vivía–; más en concreto hacia la madre, con la que, según sus palabras, había habido un buen vínculo; era la única que conocía sus problemas personales.

La hostilidad hacia ambos le llevó a abandonar unilateral y bruscamente el hogar, como una forma de reafirmación y búsqueda de identidad.

En una de las sesiones en las que analizábamos su Fotobiografía algunos meses después –tenía otro cambio de actitud– expuso desde lo personal lo que, con otras palabras, son las fantasías, expectativas, miedos o conflictos que he escuchado de algunos varones.

–"*Mi abuela materna era una mujer muy maternal, muy fuerte, muy arrojada. El matriarcado de mi familia empieza aquí. Era tremendamente fuerte, valiente, capaz, autodidacta, activa...*"
(La historia que describe de la abuela constituye un mito familiar.)

–*"Fue la única que se atrevió a ir a los campos a por un violador y lo trajo cogido de sus "partes"/...Como ningún hombre se atrevía fue ella a buscarlo/...Era una mujer muy poderosa"*.

–¿Qué sientes cuando cuentas todo esto? –pregunto–.

–*"Por un lado mucho orgullo, por otro un poco de lástima/.../ Debió haber también alguna 'chanza'[45], si no sobre ella, sí sobre los hombres que la rodearon. Por un lado es admirable, pero por otro... aquello debía contribuir de alguna manera a la castración psicológica de los hombres. Hay que dejar desarrollar a las mujeres, pero también hay que dejar desarrollar e incentivar a los hombres si no están donde deberían"*.

–¿Qué se podría hacer para que los hombres no se sintieran castrados sin impedir el desarrollo de la otra persona?

–*"No nos deberían 'contar la película' de que los hombres hacen esto y las mujeres aquello. Posiblemente debería haber una igualdad de valores, un 'ahora tú, ahora yo', un 'según cómo te encuentres', un 'todos lo podemos hacer todo'. Nos deberían perdonar ciertas cosas y permitirnos ser"*.

–Cuando dices el "permitirnos" ¿a quién te refieres?

–*"En todo caso a los hombres se dice: Los hombres no hacemos eso". Es un marcar el terreno tan fuerte, tan rígido, que no permite en ningún momento traspasar la barrera de la humanidad, porque si la pasas, estás pasando al mundo de la mujeres/...No se te permite llorar, desahogarte, contarle a una mujer o a un hombre tus problemas, no se te permite abatirte/.../. La verdad es que las mujeres de mi fa-*

milia —*mi madre incluida*— *valen más, son más valientes, más arrojadas social y personalmente que los hombres con los que han compartido su vida"*.

(Imagen positivizada e idealizada de la mujer y depreciada del varón.)

—¿Qué es lo que te gustaría decirle a los hombres desde tí, siendo hombre?

—*"A los hombres de mi familia en concreto y a los hombres en general me gustaría decirles* que me dejaran entrar. *Me gustaría que se abriesen, que se diesen cuenta de que también hay un lugar para el sentimiento de los hombres.*

—*A las mujeres creo que no las temo, pero sí les tengo mucho respeto; pero no las considero como unas enemigas. Entre los grupos de hombres hay una relación muy curiosa con las mujeres: "son encantadoras, son maravillosas, hay que ver qué cachondos nos ponen, pero hay que mantenerlas a distancia, siguen siendo enemigas, no las entendemos, están locas".*

/.../No tienen una actitud conciliadora/.../a nivel de caricias sí, pero luego..."Bueno, ya me has acariciado, ya has sido hoy mi mamá, o mi esposa, mi amiga o mi amante. Yo necesito reafirmarme. Tanta dulzura ha puesto en peligro mi virilidad; eso de estar tan arropado... Yo no soy un niño ni una niña, soy un hombre. Sólo te necesito a ratos. La culpa no la tengo yo. Es lo que nos han enseñado, es el mundo de los hombres."

—¿Qué tiene que ver todo lo que has estado diciendo contigo mismo?

—*"He sido muy observador de todo esto.* He querido integrarme en el mundo de los hombres y no lo he conseguido. *Posiblemente porque he vivido antes el mundo de las muje-*

res muy intensamente y sea un hombre distinto, que posiblemente no sea del agrado de los hombres. Por otro lado, estoy dispuesto a cambiar lo que sea para integrarme, *pero desde luego lo esencial no. Lo que las mujeres me han dado no lo quiero perder.*

–¿Qué crees que tienes que cambiar?

–*"Pues, si le haces caso a cualquier hombre, tendría que cambiarlo todo. Tendría que embrutecerme, tendría que enfrentarme a todo lo que los hombres se enfrentan, porque yo he sido un niño cobarde, miedoso, y acabo por quedarme paralizado durante meses. Hubiera querido correr hacia delante, o hacia atrás, no importa, pero correr. Esa acción, esa agilidad, esa fuerza, esa energía que son valores masculinos tradicionales, todo lo que hacían los hombres, no lo he hecho".*

(Imagen del mundo masculino.)

–¿Qué es lo que tú, siendo hombre, quisieras cambiar de ti mismo para entrar en el mundo de los hombres? Dices que quieres cambiar, pero no lo esencial.

–*"Adquirir valentía, arrojo sin perder consciencia, tener menos miedo o enfrentarme a él, no mostrar mis miedos (como hacen la mayoría de los hombres). Me gustaría formar parte de los hombres, ser aceptado, pero para ello hay que dominar su lenguaje, sus ritmos, sus contraseñas, sus poses, sus posturas, sus bravatas, sus máscaras, sus realidades, su forma de actuar, su machismo... Y yo eso lo desconozco...*

"Ya ves –me comenta a propósito de las fotos que estamos viendo– estoy rodeado siempre de mujeres cariñosas que me han querido. Y algún que otro hombre... No he jugado al fútbol, al billar, a los recreativos... No he hecho nada

*de lo que tradicionalmente hacen los niños para ir introdu-
ciéndose en el mundo masculino. Desconozco sus valores,
los imagino, los intuyo."*

(Se percibe en su masculinidad, como los varones de su
familia, cobarde. Busca modelos masculinos de identificación en el mundo de los hombres, del que desea formar parte y que a la vez no le gusta).

b) *El diálogo hombres y mujeres:*

Uno de los primeros ejercicios que realizo en el curso de
CE y DP (nivel II), es que hombres y mujeres se reúnan por
separado y comenten qué les molesta, detestan, les fastidia...
del otro sexo. Posteriormente se lo dicen como "colectivo de
hombres" o "de mujeres".

Lo que he venido observando que me ha parecido interesante es lo siguiente:

1. La *excitación* que les produce poder verbalizar en grupo, con complicidad de los/as demás.

2. Se produce una mezcla de resentimiento y juego (risas,
cuchicheos...), como si hubiera una parte de *juego adolescente.*

3. Como colectivo *se dicen cosas que a veces no se sos-
tienen individualmente.* Hay personas que se sorprenden de
lo que verbalizan como colectivo y con la virulencia que se
expresa. Es como si se hablara desde las creencias y estereotipos sociales interiorizados y desde su trasmisión emocional.[46]

4. Finalmente, con distintas palabras *ambos grupos se
critican cosas parecidas y piden los mismos cambios.*

Hombres	*Mujeres*
Las mujeres no tienen cerebro.	Los hombres son simples.
Siempre hacen de mamás,	Son como niños.
nos visten, nos dan la comida.	Estamos hartas de hacer de mamás.
Son inseguras.	Nos dicen cómo tenemos que ser.
	Son inseguros.

(La lista sería muy extensa).

La reproducción de creencias impide que podamos relacionarnos con la persona que tenemos delante. Vemos a ese hombre o esa mujer como representante de "los hombres" o "las mujeres" y eso genera incomunicación, dolor y dificulta los vínculos.

Es cierto que como personas reproducimos esquemas sociales aprendidos, y de ahí las polarizaciones comportamentales. No hay que negarlo. Pero también es cierto que tenemos capacidad de reflexión, de decisión y cambio de aquello que no deseemos. Todas y todos, como personas y como colectivo, podemos colaborar en ello.

11. AMOR Y CREATIVIDAD

Al principio de este libro hablaba del amor universal y del amor particular. Vuelvo a esa idea para ampliarla un poco más.

El amor puede ser entendido desde lo más general a lo más particular, de lo universal a lo individual. Todos los seres humanos compartimos universalmente esta capacidad amorosa. Todas las personas necesitamos amar y ser amadas, somos capaces de amar y expresarlo aunque lo manifestemos en formas distintas.

Por otra parte conectamos también amorosamente con otras personas, con otros seres, con la totalidad del universo, unificándonos con él. El amor es una energía expansiva (hacia fuera) y a su vez unificadora e integradora (hacia dentro). De ahí que podamos hablar del amor a la naturaleza, a la humanidad, al grupo social, familiar, al amado o amada, y a sí mismo/a. El amor a sí mismo/a sería realmente el aspecto más particular.

También se podría enfocar a la inversa: en la medida en que una persona se ama y entiende el respeto que se debe a sí misma, es más capaz de comprender el amor y el respeto hacia los demás y hacia la naturaleza. En realidad, todas las experiencias amorosas participan un poco de ambos aspectos.

Toda energía es móvil, *toda energía es cambiante, se transforma.* Todo lo que existe en la vida conlleva procesos de cambio y se convierte en otras cosas: el agua puede manifestarse en forma de lluvia, de nieve o de vapor. Todo es agua, pero se manifiesta de distintas formas.

Nuestra vida es como un fluir. En la sociedad occidental no nos han enseñado a fluir como en otras sociedades, y tratamos de retener todas las situaciones, como paralizar la vida, detenerla, resistiéndonos a que algo cambie. De ahí que vivamos tan mal los diferentes períodos evolutivos de nuestra vida, las diferentes fases amorosas, las despedidas... No las entendemos como etapas diferentes. Sin embargo, en cada etapa de nuestra vida vivimos experiencias que tienen un proceso de nacimiento, desarrollo y conclusión. Cuando algo finaliza empieza otra cosa; si no, no se podría volver a comenzar.

Los períodos de crisis y cambio hay que entenderlos como procesos de aprendizaje dentro del proceso de evolución humana.

Terminaré este libro en orden inverso: de lo más particular a lo más general.

EL AMOR A SÍ MISMA/O

El amor a sí mismo/a está mal considerado en nuestra cultura. Se identifica con el egoísmo. Nada más erróneo. El amor a una/o misma/o forma parte indisociable del amor universal, del amor a la humanidad, y es un aprendizaje para ello. Ambas experiencias se retroalimentan.

Amarse a sí misma/o es una manera de aprender a amar. Poco se puede enseñar del respeto a los demás si a ti misma/o no te respetas.

Aprender a amarse es aprender a escucharse y respetarse, es autoconocimiento y autoayuda para, a su vez, poder conocer a los demás, comprender los procesos, respetarlos y establecer relaciones justas.

No se puede dar –amor– lo que no se tiene, no se puede respetar si una/o no se respeta, no se pueden mantener relaciones justas si uno/a se somete o se deja someter.

> Dos puntas tiene el mal:
> el hombre que pisa a otro
> y el que se deja pisar.

FACUNDO CABRAL

Hay algunos conceptos que considero básicos para el amor y para la convivencia consigo mismo/a y con los demás.

1. Cuidarse

> • ¿QUÉ ES PARA TI CUIDARTE?
> • ¿TE CUIDAS HABITUALMENTE? ¿QUÉ ES LO QUE HACES?

La forma en que nos cuidamos o la falta de cuidados personales está muy relacionada con la autopercepción y también con los estados de ánimo.

La idea de aprender a cuidarse es básica en todos mis grupos y en los trabajos que realizo. Es también un punto primordial a introducir especialmente en los grupos de mujeres.

A las mujeres se nos ha educado para cuidar a los demás. Ello muchas veces es lo que da sentido a nuestras vidas. De ahí que cuando la mujer deja de tener esa posibilidad –independencia familiar de hijos/as, menopausia, desaparición de la madre y el padre, viudedad– si bien supone de una parte una liberación en cuanto a obligaciones y tareas, de otra produce un *vacío* y una cierta crisis existencial, y la mujer se ve abocada a –y tiene la oportunidad de– hundirse en un estado depresivo o replantearse la vida de otra manera.

En el posponerse continuamente subyace una forma de percibirse: "no merezco", "no soy importante", "me querrán por lo buena que soy" (identificando bondad con autoanulación).

La posibilidad de *tenerse en cuenta* produce al principio resistencias en las mujeres, pero luego tiene un efecto transformador.

Además de la autopercepción negativa el no cuidarse revela también estados emocionales en las personas. Es propio de una depresión, o de desajustes psicológicos desde leves hasta realmente importantes, como los estados psicóticos. No cuidarse es una forma de autoagresión sutil o manifiesta. A veces, como en un estado depresivo, la persona está como sin energía para ello; en otras problemáticas el sujeto revierte su energía contra sí mismo, aumentando a su vez la culpa y la autodepreciación.

Cuidarse es tenerse en cuenta. Escuchar las propias necesidades. Reconocer que existimos y ocupamos un lugar en

*el mundo, y que tenemos derecho a sentirnos bien, a procu-
rar por nuestro bienestar* en todos los ámbitos de nuestra
existencia.

Esto que teóricamente parece elemental, no está incorporado en nuestra cultura ni, en concreto, en el mundo de las
mujeres, por los mensajes sociales recibidos.

Toda la tercera parte de mi libro *Psicoerotismo femenino
y masculino* está dedicada a eso: a aprender a escucharse, el
reconocimiento de nuestro cuerpo y, a través de él, el cuidado y respeto a sí misma/o.

Por otra parte, cualquier ejercicio de introspección, de reflexión, hace referencia a esa necesidad y ese derecho a la
escucha personal.

Pero hay un ejercicio sencillísimo que inicié con un grupo de mujeres de un barrio de Valencia y que ahora intro-
duzco sistemáticamente tanto para mujeres como para hombres: *los regalos*. El planteamiento del ejercicio es éste:

Ejercicio: "Regalarse"

Durante esta semana, en algún momento, algún día, vas a detenerte un momento y conectar contigo misma/o dándote cuenta en ese instante de qué es lo que deseas. Imagínalo, imagina el placer que te causa. Permítetelo como un regalo que te haces. Disfruta haciéndolo. Después siente el placer de haber vivido ese regalo y de habértelo permitido.

Un regalo es algo que nos causa placer y que nos damos permiso para gozarlo. El regalo puede ser algo material o espiritual, pero ha de reunir varias condiciones: es algo sólo para la persona, que lo sienta como bueno para ella y que se tenga en cuenta el sentido de la realidad (no se puede decir: "ahora me apetece ir a las islas Bermudas", gastarse todo el dinero del mes e irse).

El regalo implica:

1. Darse un *tiempo/espacio* para tomar contacto consigo.

2. *Escucha interior,* conectar, darnos cuenta del deseo.

3. Darse permiso para la *aceptación del deseo.*

4. Darse permiso para el *goce* en el antes (en la imaginación, con los sentidos), en el durante (la realización del deseo) y en el después (la integración gozosa del deseo, la sensación de libertad y capacidad de decisión y satisfacción).

Algunos de los regalos más frecuentes que se suelen hacer las mujeres son: maquillarse, arreglarse el pelo, llamar a una amiga, irse a pasear sola (por la playa), comprarse una prenda de vestir (se posponen al marido y los/as niños/as y ya no queda dinero para ellas), leer una revista o un libro, salirse un día de la dieta, irse a pasear con el marido (lo viven como un regalo), etc.

No se trata de compulsividad ni de rutina. Los regalos que se hacen suelen ser –al margen de alguno extraordinario– bastante sencillos y cotidianos. Hay mujeres que, en relación a los ejemplos anteriores, dicen: "yo me hago muchos regalos ya" o "yo ya hago todo eso". No se trata de darse muchos gustos sino de *darse permiso, tener conciencia de que nos cuidamos porque nos lo merecemos*. Eso es lo que cambia cualitativamente el sentido.

Se empieza con pocos regalos a la semana –uno o dos máximo– y en cada nuevo encuentro grupal, tras la revisión de los mismos, propongo que vayan aumentando el número hasta que finalmente se llega a uno o varios por día. Se trata de que comprendan que hemos de estar a la escucha de nuestro organismo, de nuestras emociones, de nuestras necesidades. A través de esa nueva forma de situarse en el mundo, se va estando más en contacto con el bienestar, lo cual aumenta la alegría, la estima y la energía vital. Estamos aprendiendo a amarnos.

2. Aprender a cuidar, dejarse cuidar

Indisolublemente unido a atenderse está el compartir el cuidado mutuo.

Merecemos estar bien, merecemos que nos cuiden. Los demás también merecen ser cuidados. Con ello gozamos y amamos.

En general a las mujeres en la vida familiar, les cuesta dejarse cuidar. Y ello se complementa con el rol opuesto: los varones tienen dificultad en cuidar. No han sido educados para atender con amor a su madre –menos todavía al padre–, ni a su pareja –exceptuando el período de enamoramiento inicial–, ni a sus hijos e hijas –la *ausencia del padre,* de la que hemos hablado.

El incorporar el cuidado mutuo es imprescindible para unas relaciones de pareja, familiares, amistosas y humanas más justas, solidarias y placenteras.

Al igual que el anterior, estos conceptos son fáciles de entender a nivel teórico. Ayudan a comprender cómo se estructuran los roles y cómo, a la larga, esos roles se enquistan y se vuelven contra la persona creando problemas de relación.

Cuando hablo de ello en los grupos de mujeres, algunas de ellas, sobre todo amas de casa, han llegado a decir que disfrutaban tanto dando, que no necesitaban recibir, que los demás hicieran cosas por ellas. Recuerdo a una mujer que decía: "no me hace falta nada, me siento la reina de la casa, todos me quieren mucho". Al cabo de un rato decía con un tono entre triste y con cierto resentimiento: "lo que soy es la fregona, la "chacha" de todos, no cuento para nada".

Recuerdo otras mujeres, usuarias de un Centro de Salud Mental[47], tratadas farmacológicamente durante años, con depresiones importantes. Algunas, al referirse a su estado de apatía, tristeza y desgana frente a las tareas domésticas, reconocían: "ahora me cuidan, se ocupan de mi..."

> • ¿PIDES A LOS DEMÁS QUE TE CUIDEN CUANDO LO NECESITAS?

> • ¿ALGUNA VEZ HAS FANTASEADO CON LA
> IDEA DE ENFERMARTE?

Sí, aunque no sean conscientes de ello, muchas personas desearían enfermarse para que las cuidaran. Pero ¿por qué no pedir aquello que necesitamos? ¿Por qué no buscar donde podamos recibir?

Ideé, al igual que en el caso de los "regalos", un ejercicio para que, aquel mismo grupo de mujeres con el que trabajé, entendiera la importancia de integrar los roles. El ejercicio realmente se presenta como una práctica para la convivencia y gira inicialmente en torno a la comida.

Las mujeres estamos acostumbradas a cuidar, y una de las formas de hacerlo es a través de la comida. Se goza con la idea de dar placer a través de ésta, de ayudar al crecimiento, a la salud. Es una forma de dar vida. Es una forma de expresar también el maternaje.

La comida tiene el valor simbólico –y real– de alimentar, nutrir, y también tiene un valor afectivo: es una manera de dar amor y de esperar amor por parte de los demás. A través de ella se establecen vínculos como antes se establecían en la infancia en la relación afectiva hacia quienes nos alimentaban.

Ejercicio: "Cuidadoras/es y cuidadas/os"

La dinámica funciona de la siguiente forma: en todas las sesiones grupales existe una pausa en el intermedio donde hacemos un descanso. Durante la primera sesión yo llevo algo de comida para compartir: termo de café con leche, o té, o zumos y pastas, fruta, frutos secos... La gente lo recibe con mucho agrado porque he pensado en que sea algo apetitoso y pensado para aquel momento. Lo que compartimos invita a la charla, a las bromas, a la informalidad, a comentarios acerca de lo que se ha realizado durante la sesión, etc. El clima que se crea es agradable.

Suelo repetir esto alguna otra vez. La gente se acostumbra y lo recibe con agrado colocándose en el rol de recibir e instalándose en ello como si fuera el hábito de los grupos.

A la segunda o tercera vez que lo hago les pregunto:"¿os gusta que traiga algo para el descanso?". "Sí", contestan ellas. "Pues bien, a mí también me gustaría algún día descansar y que os ocuparais de mí. Me produce mucho placer lo que hago, pienso en vosotras, pienso en traeros algo que os resulte agradable y me alegra imaginaros contentas recibiendo mi obsequio. Pero hay otro placer del que no puedo gozar a menos que pueda experimentarlo: que os ocupéis de mí".

A partir de ese momento instituimos la fórmula de que todo el grupo va a cuidar y a ser cuidado. Cada sesión una persona o dos se ocuparán de nosotras, disfrutando con ello. Las demás disfrutaremos de recibir.

Darse cuenta y experimentar estas dos formas de placer permite introducir la reflexión de los roles de la estructura familiar y el papel que ellas mismas pueden estar jugando en dicha estructura. La flexibilidad de los roles ayuda a mejorar el contacto con las propias necesidades y favorece la comunicación.

En todos los grupos nos damos la oportunidad de experimentar el goce que se siente cuando pensamos en los demás y les aportamos algo que imaginamos va a causarles placer. Y tenemos a la vez la oportunidad de dejarnos cuidar por todas y cada una de las demás personas sintiendo que alguien se ocupa de nosotras/os. ¡Es tan gozoso también recibir, sentir que podemos descansar y que se nos va a cuidar, a tratar bien!

Las personas que cuidan se esmeran en comprar algo apetitoso, o nos deleitan con algo que han preparado en casa. O bien desarrollan su creatividad de otra forma: perfuman la sala, nos regalan una poesía que les gusta o inventan una específicamente, o traen flores, o una música especial para acompañarnos... Pero sea lo que sea, lo que es evidente es que se destila amor. Nunca se acepta el cuidado de alguien que no lo proponga, y todo el mundo, más pronto o más tarde, desea hacerlo.

En cuanto a los varones –que lo hacen igualmente– es importante asimismo como desarrollo de paternaje.

3. Aceptar los límites

Amar supone también aceptar nuestros límites. Desearíamos estar siempre joviales, sanas, hermosos, ocurrentes, potentes y disponibles sexualmente, jóvenes, sin preocupaciones. Desearíamos que el otro/la otra estuviera así con nosotros/as. Es la fantasía de la infancia de desear a nuestra madre –o figura más próxima, totalmente disponible. Pero nuestra madre estaba a veces cansada, enferma, deseaba estar con nuestro padre o con otras personas, o trabajaba... Así ocurre también en las relaciones afectivas. No estamos continuamente en las mejores condiciones físicas ni psíquicas para mostrarnos como excelentes amantes, comprensivas, tiernas, etc. Enfermamos, envejecemos, podemos sentir tristeza, enfado, cansancio... Eso es frustrante pero es la realidad. Amando desde la realidad maduramos más como personas, nos hacemos más flexibles y tolerantes.

Es bueno también saber ponerse límites ("llego hasta aquí").

• ¿TE EXTRALIMITAS EN TU VIDA?
• ¿QUÉ CONSECUENCIAS TIENE PARA TI?

Toda persona tiene límites, tenemos que respetar el límite porque, si no aprendemos a escuchar y atravesamos más de lo que podemos, nos enfermamos. En ese sentido no se puede estar disponible siempre y para todo el mundo; se ha de poder decir que no ("ahora no puedo", "tengo ganas de estar sola", " no deseo hablar en este momento", "no puedo jugar contigo ahora", "no es mi momento para hacer el amor"). Y por supuesto también hay que poder decir que sí cuando lo deseamos y pedir lo que queremos.

4. Reconocer nuestro espacio personal: saber estar en soledad y compartir

Tener conciencia del propio espacio es tomar en cuenta que cada persona tiene que hacer su camino en la vida. En ese camino entran otras personas con las que compartimos cosas.

Hacer nuestro camino supone vivir la vida que queremos —en la medida en que ello sea responsabilidad nuestra—, vivir con dignidad.

• ¿CÓMO QUIERO VIVIR MI VIDA EN ESTOS MO-MENTOS?

• ¿QUÉ QUIERO HACER?

Ésta es nuestra tarea, nuestra búsqueda personal. En la medida en que nos seduce nuestra vida, que hacemos y vivimos como deseamos –con todos los límites de la realidad– y disfrutamos de ello, somos más capaces de estar en soledad. Estamos en paz interior y cada cosa tiene sentido en sí misma, desde lo más banal a lo más trascendente. Estamos en el camino.

Cuando ello no es así y la persona no sabe manejar su espacio y su tiempo, se siente un gran vacío y una búsqueda desesperada porque alguien lo llene. Un recurso es la búsqueda de una pareja. En estos casos, cuando no se tiene, los fines de semana o las vacaciones son un verdadero tormento. Durante la semana la actividad laboral les absorbe y les ocupa el tiempo; gracias a ello no se paran a pensar en sí mismos/as. Pero cuando cesan de trabajar se encuentran con un vacío interior y se angustian.

Es importante encontrar aquello que nos gusta, que deseamos realizar, descubrir diversiones para el tiempo de ocio, tener gente con quienes compartir y por quienes nos sintamos amadas/os, descubrir las cosas que nos dan un sentido en el día a día.

Tradicionalmente a la mujer le ha sido más fácil compartir que estar sola. No olvidemos que el mensaje social era: "No vales nada si no eres amada por alguien". Pero en la medida en que la mujer ha adquirido independencia social y está haciendo más la experiencia de la separación en ámbitos que no conocía, las relaciones de pareja también han cambiado. Frecuentemente, después de ciertas rupturas de pareja, algunas mujeres no se quieren volver a vincular de manera estable o al menos no suelen querer casarse de nuevo cuando ya lo han hecho anteriormente. De hecho muchas mujeres viven actualmente en soledad por decisión propia.

Por otra parte es muy importante saber vivir desde la identidad, compartiendo. En la medida en que estás bien contigo misma/o, puedes compartir mejor.

5. Escucharse, conocerse, respetarse

En los procesos de conocimiento, así como en el desarrollo personal y los cambios, hay *ritmos*. No podemos hacerlo todo en un dia. Hay momentos en que avanzamos mucho y estamos en gran apertura y receptividad, otros en que necesitamos detenernos y no hacer nada. Hace falta un tiempo para la integración, para aprehender las cosas y para evolucionar.

Hemos de conocer nuestros ritmos y respetarlos. Normalmente uno de los elementos que nos impiden avanzar en nuestro desarrollo son los *miedos*. Otro, el *desconocimiento*, el no saber qué ni cómo hacer.

Tanto en un caso como en el otro se debe estar atento/a al tema que nos interesa o nos preocupa, focalizando nuestra atención hacia aquello que pueda darnos "pistas" de solución. Por otra parte hace falta darse un tiempo para que el organismo en su totalidad se prepare para dar los pasos necesarios, para atravesar el miedo.

En algunas ocasiones el miedo –y los ritmos personales– hay que respetarlo y no forzar situaciones que podrán lastimarnos e incluso enfermarnos.

> ¿CUÁNDO HAS FORZADO TUS PROPIOS RITMOS
> Y TE HAS SENTIDO MAL?

Otras veces, los miedos hay que respetarlos pero a la vez sobrepasarlos, es decir, hacer aquello que queremos y que nos lo imposibilita el miedo, acompañándonos con éste como si fuera un viejo conocido. De lo contrario, podemos quedar como paralizadas/os y eso, a la larga, también puede dañarnos, mientras que poder sobrepasarlo nos abre una nueva puerta desconocida y a nuevas posibilidades, inundándonos con una sensación profunda de libertad o bienestar.

> • ¿RECUERDAS ALGUNA OCASIÓN EN LA QUE TE
> HAYAS SENTIDO PARALIZADA/O POR EL MIEDO?
> • ¿RECUERDAS ALGUNA OCASIÓN EN LA QUE
> TE ATREVISTE A HACER ALGO QUE DESEABAS,
> A PESAR DE QUE TENÍAS MIEDO?

¿Cómo hacer en cada momento? ¿Cómo saber si, estando a la escucha, es mejor avanzar o deternerse? Éste es uno de los aspectos de la creatividad. No hay reglas con las que contemos de antemano. Hay que desarrollar la capacidad de *intuición* y tratarnos como lo haríamos con una persona a la que amemos: con comprensión y amor.

Hay un ejercicio que suelo hacer en relación a esto. Se trata de un *"contrato" interior* que la persona hace para, una vez que se ha escuchado, y focalizado su atención hacia alguna de sus necesidades o cambios que desea realizar, y teniendo en cuenta los ritmos, marcarse un tiempo para su realización. Sólo puede tratarse de algo cuya realización dependa exclusivamente de la persona.

6. Amar lo cotidiano y lo extraordinario

Es vivir lo que la vida nos ofrece en cada momento, en el día a día y en lo extraordinario. Lo extraordinario puede ser un enamoramiento, un viaje... pero también podemos amar nuestra casa, la gente amiga que tenemos a nuestro entorno, nuestro trabajo o lo que hacemos cotidianamente dejándonos sorprender por la vida, atentas/os para descubrir, para investigar, para gozar, para transformar. Vivir con amor, con pasión, con serenidad, los momentos de calma y de excitación.

7. Disponibilidad amorosa

> • ¿ESTÁS DISPONIBLE PARA EL AMOR?
> • ¿ESTÁS DISPONIBLE PARA LA VIDA?

Generalmente creemos que sí, que amamos a la gente, que deseamos tener una pareja..., pero es evidente que no siempre es así.

La disponibilidad es una sensación de apertura interna. Cuando desconfiamos, tenemos un excesivo miedo, o nos sentimos "cerradas/os" –expresión que se utiliza en el lenguaje ordinario y que expresa claramente la sensación opuesta a la apertura– no estamos disponibles. Hay períodos, momentos de nuestra vida, en que estamos disponibles, y otros que no.

Muchas veces no nos entregamos al amor y especialmente en la relación de pareja, por miedo a una ruptura o a un abandono. Pedimos seguridad en las relaciones, pero... ¿quién nos puede asegurar eso? ¿Quién nos puede asegurar cómo nos sentiremos a lo largo de nuestra vida o cuáles serán los cambios que experimenten las otras personas? Amar es un viaje, como lo es la vida –"se hace camino al andar", decía Antonio Machado–, con muchas emociones a lo largo del camino.

La disponibilidad amorosa es una actitud interna de apertura e implica dar y recibir, amar y dejarse amar. ¿Por qué no estamos disponibles? Depende. A veces corresponde a creencias y guiones de vida –"no te entregues", "no te fíes", "si amas perderás tu identidad", "si te enamoras te atraparán", "te enamoran y luego te dejan"...– que hay que ir trabajándose personalmente para entender cómo los tenemos instalados y cambiarlos resituándonos de otra forma. Otras veces son períodos en donde necesariamente vivimos un cierre porque estamos haciendo un duelo interno. En este caso hay que comprender y respetar el momento e ir creando las condiciones para, cuando sea el momento, poder abrirnos de nuevo.

8. *Recontratar con la vida*

Me gusta esta expresión. La escuché por primera vez en Argentina, en la "Fundación para la segunda mitad de la vida". Su presidenta, Sara Olstein, me invitó a realizar un pequeño Taller con gente de tres generaciones: en torno a los 25, a los 40 y a los 75 y 80 años. Entendí cómo en cada período y en cada momento hay que negociar con la vida: romper viejos planteamientos, iniciar ilusiones, hacer aquello que deseas y que no has podido hacer anteriormente, encontrar tu lugar en el mundo, reconocer a gente que te quiere y que te ayuda a crecer como persona.

9. Hacer los duelos necesarios

El amor es una sensación de apertura, de paz interior y de paz también con el exterior.

A lo largo de nuestra vida vivimos frustraciones que se vivencian como desamores. Son heridas que hay que cerrar. Cuando esto no está elaborado estamos más en el cierre que en la apertura; tenemos rencor, resentimiento. A veces nos abrimos a nuevas experiencias amorosas sin estar en paz con las anteriores.

Hay otros duelos pendientes que tienen que ver más con la relaciones materno/paterno-filiales en la infancia o la adolescencia. Y por supuesto, los que tenemos sin resolver de nuestra edad adulta en los vinculos amorosos.

El no darnos cuenta de aquellos duelos que tenemos pendientes de elaborar puede abocarnos a establecer relaciones amorosas en donde se reproduzcan miedos o peleas pendientes con nuestro padre o nuestra madre, alguna pareja, y no podamos relacionarnos realmente con quien tenemos delante; no sintiéndonos completamente abiertas/os y libres a la experiencia amorosa sino con un fardo pesado que arrastramos en el camino.

10. *Confianza y amor incondicional*

El amor hacia sí misma/o es un aprendizaje para las relaciones. Toda persona necesita amor *incondicional*. Ésta es una característica básica del amor. Si la persona no se quiere o se quiere sólo con condiciones, proyecta en los demás sus propias creencias: que no la querrán a menos que... sólo en determinadas condiciones. Para entender la incondicionalidad del amor, hay que sentirlo internamente; es decir, amarnos profundamente teniendo una confianza interior, sabiendo que iremos comprendiendo en nuestra vida, haciendo o cambiando lo que queremos. Confianza para ser como deseamos ser, a pesar de que en la actualidad hay cosas que no nos gustan de nosotras/os mismas/os. Hemos de perdonarnos respecto al pasado y sentir confianza hacia el futuro. Y sea como sea, amarnos profundamente.

El amor incondicional forma parte de todas las relaciones humanas, aunque a veces nos sea más fácil de percibir –vg. con el cosmos, con la naturaleza...– que en otras, como en las relaciones de pareja o materno/paterno-filiales, en donde frecuentemente se ponen condiciones.

EL AMOR EN LA RELACIÓN DE PAREJA

Amar y sentirse amada/o por alguien que se considera "especial", alguien a quien consideramos nuestra pareja, es una experiencia extraordinariamente potente.

Tanto es así que las otras formas de vínculos amorosos o de manifestar el amor –igualmente importantes– habitualmente suelen quedar eclipsadas, oscurecidas, ante el brillo, el esplendor que se produce en la magia de dos energías que sintonizan y entremezclan sus cuerpos físicos y espirituales.

Una de las características que determinan la especificidad de amor con una pareja –esa persona amada a la que abrimos nuestro corazón y nuestro cuerpo– es la sexualidad.

Hay muchas formas de amar, de vivir el erotismo y compartir el goce de los sentidos. La experiencia sexual en sí misma es muy potente por lo que implica de contacto e interpenetración de los cuerpos.

Pero ninguna experiencia es comparable al placer físico y sutil, al gozo profundo y trascendente que existe entre dos *cuerpos amorosos* que están unidos y en resonancia energética.

El enamoramiento es también una experiencia de interpenetración: sentimos al amado/a dentro de nuestro cuerpo, a la vez que nos sentimos dentro del suyo. Pero cuando esa interpenetración abarca también la fusión física en una apertura y entrega completa, hay una alquimia mágica y trascendente.

Cuando nos enamoramos entramos en un estado de apertura. La energía irradiante nos desborda; no podemos controlar la emoción que sentimos. Descubrimos facetas nuestras desconocidas. Muchos de nuestros miedos parecen esfumarse por instantes y nos sentimos y mostramos capaces de cualquier cosa, de cualquier "locura", de cualquier hazaña o asumir no importa qué riesgos. Eso indica un estado de disponibilidad en el que parece que no tuviéramos límites.

Enamorarse es fácil; aislamos a la persona amada, descontextualizándola, y vivimos la fantasía que queremos. Apasionarse es sencillo si vivimos la vida con pasión. Hay en ese momento el horizonte de lo nuevo, la apertura hacia el infinito, el descubrimiento del sentido de la vida. No hay barreras. La intensidad del deseo se despliega con la fuerza de un huracán que para manifestarse no encontrara obstáculos a su paso. Las experiencias de enamoramiento dejan una huella imborrable en nuestros corazones.

Pero *así como la energía amorosa en el ser humano es infinita, la concreción amorosa en la vida cotidiana, en la realidad ordinaria, tiene límites: ni somos perfectos ni podemos estar en permanente estado de fusión.*

Es sencillo enamorarse idealizadamente porque en buena parte nos enamoramos de nuestras fantasías, reactualizando guiones de vida.

Es más difícil, pero a su vez es transformador y creativo, aprender a *amar a la persona que tienes delante amándola desde su realidad, sintiéndote enamorada/o a pesar de lo que consideramos sus carencias, sus defectos, aquello que no nos gusta.* "Te amo aunque no seas perfecto/a", "...aunque no seas como yo desearía...", es una forma de reconocer nuestras fantasías. *Amar profundamente implica aceptar límites e imperfecciones, y aun así valorar a la persona como alguien único/a, con admiración.*

Transformar el enamoramiento idealizado es amar en lo ordinario y en lo extraordinario. Es vivir la pasión y la serenidad, es vivir el goce y aceptar también ciertas frustraciones. Al igual que se vive la vida.

La experiencia amorosa en una relación de pareja es un camino de maduración. En ella aprendemos a conocernos más y maduramos como personas.

Cuando nos enamoramos y nos vinculamos con una pareja estructurando la relación, reactualizamos guiones de vida y repetimos escenarios del pasado. Estos guiones –que no solemos conocer bien– expresan carencias de la infancia, miedos, conflictos no resueltos. Y sin darnos cuenta buscamos personas que nos suplan esas carencias. No nos hacemos cargo de las mismas y buscamos a alguien que nos repare las heridas de la infancia, que nos cure el dolor de la niña o el niño interior; queremos que nos devuelva una imagen de estima que no tenemos, que nos dé lo que necesitamos, sin darnos cuenta de que algunas de nuestras necesidades –las más profundas–, algunos de esos daños, nadie más que nosotras/os mismas/os podemos repararlas.

Para Tan Nguyen, a quien agradezco la oportunidad de coordinar conjuntamente un Taller sobre el "Amor y la creatividad" en Francia, las fases de creatividad en la relación de pareja pasarían por:

1. *El reconocimiento de los guiones;* es decir, tomar conciencia de los guiones de vida que tenemos, y de los vividos en el pasado, y ver en qué medida nos colocamos en ese viejo guión y colocamos al otro/la otra en el mismo.

Convivimos con nuestra historia pasada –según Tan Nguyen– y "tenemos tendencia a reproducir lo que nuestra memoria ha registrado: los modelos de amor heredados de la infancia, de nuestros padres y de los esquemas familiares. En nuestra vida afectiva y amorosa, la repetición de los guiones de fracaso, de decepción y de ruptura ocasiona, en un momento dado, la toma de conciencia de heridas antiguas".

"...A menudo, en nuestra vida afectiva, tenemos tendencia a querer reparar situaciones familiares del pasado, en las cuales nos hemos encontrado impotentes."

"En un sentido, hemos construido nuestra identidad y nuestra personalidad alrededor de ese mundo antiguo, fundado sobre sentimientos de impotencia, de inseguridad y de carencia. Se puede explicar así el desfase entre, de un lado, nuestro corazón que aspira a un amor infinito, a un sí incondicional y, de otro lado, nuestra personalidad, que fija condiciones: "yo te amo si tú me amas recíprocamente, si tú me das seguridad, si tú eres tierno, etc." En esta prueba permanente, esta duda sobre la realidad del amor que crea, se da la convivencia cotidiana de la pareja, las tensiones entre dos egos."

2. *Desidentificarse* del pasado, del guión. Una vez tomamos conciencia, marcar distancia, separarse de aquello del pasado que hemos reproducido en el presente, dándonos cuenta de que el presente es otro.

3. La tercera fase sería consecuentemente *asumir el cuidarse a sí mismo/a,* es decir, aceptar la propia historia y ver cómo curar nuestras heridas, no pretender que la pareja nos las cure.

4. La cuarta fase es la de *integración* de este proceso.

5. La quinta fase es la *creación*, dejar nuestras proyecciones, nuestros puntos de referencia e improvisar, crear, dándole la forma que queramos a nuestra relación.

● ● ●

Cada pareja es única, es original. Somos personas distintas, circunstancias, momentos concretos. Cada pareja tiene su contrato amoroso, su forma de vincularse que ha de inventar.

Cuando amamos a alguien, *amamos la esencia de ese ser humano,* más allá de los ropajes, de su cuerpo joven o marchito, de su piel lisa o envejecida.

Es amar también al otro/la otra en sus circunstancias. Es fácil amar cuando compartimos sólo los "días festivos", los momentos extra-ordinarios sin mostrar los problemas que vivimos, las preocupaciones, las dudas o los miedos: pero si queremos amar a la persona real, en el día a día, todo eso está también –qué duda cabe– y a la vez va rehaciendo al individuo.

Amar es acompañar en un camino. Cada cual tiene un camino en la vida, hace *su viaje.* Pero es bueno hacer el camino acompañado/a y acompañar.

Hay que saber andar en soledad y compartir. Cada cual es responsable del camino que quiere recorrer. A veces vamos rápidos, otras lentamente, a veces hacemos los tramos al unísono, otras nos adelantamos o nos retrasamos. Pero la presencia del otro/la otra nos acompaña y eso es muy placentero.

Podemos estar solos/as porque tenemos conciencia de nuestro espacio. Cultivamos nuestro EP, nuestros ritmos, nuestros deseos de conocernos, de avanzar, de conocer nuestros miedos y trascenderlos. Podemos estar solas/os porque sentimos nuestra libertad interior.

Pero también *gozamos de compartir,* de sincronizar, de ir juntos/as, de ayudar al otro/la otra en su evolución y dejarnos ayudar, porque sentimos el placer de la presencia, porque avanzar a la vez produce efectos multiplicadores, porque nos sentimos seducidas/os por la persona con quien estamos.

Amar en una relación de pareja es el *arte del equilibrio.* El equilibrio entre F/S, entre la entrega y la autonomía. El *arte de cuidarse* mutuamente, ayudarse en el desarrollo individual y mutuo y, a la vez, desarrollarse desde y para la libertad.

Es poder *compartir sin ahogar* los espacios personales de cada cual; compartir aquello que se desea y se puede compartir.

Vivir los momentos extraordinarios con intensidad, pero también saber *vivir la cotidianeidad con apasionamiento.* Con intensidad, también desde la serenidad, desde la tranquilidad. Aceptar lo extraordinario y lo cotidiano como regalos que nos hace la vida. El regalo que supone el estar junto al ser que amamos.

A lo largo de una relación amorosa también hay momentos o períodos de frustración, de crisis. No tenemos que asustarnos, y si lo hacemos, hemos de darnos un tiempo hasta que logremos una cierta serenidad y podamos ver más claramente el problema para entender qué significa. Toda crisis indica una situación de cambio personal o relacional, no un fracaso ni siquiera en el caso de que desencadenara una ruptura amorosa. Cambiamos a lo largo de los años: cambian nuestros cuerpos, nuestros valores; no valoramos lo mismo a los 6 años que a los 12, a los 25, los 40 o los 70. Nuestra manera de ver la vida, de situarnos en el mundo, va variando.

A veces las crisis son momentos puntuales, a veces períodos muy dolorosos que nos agotan, de los cuales creemos que no podremos salir nunca, donde no vemos caminos ni salidas. Pero aunque quisiéramos cancelarlas o escapar de ellas, las crisis, como los cambios, tienen su evolución. No se puede romper una relación hermosa por una situación de crisis. Una crisis prepara un ajuste interior y de relación de pareja.

Pero cuando sabemos que nuestros caminos ya son distintos, que ya no se desea compartir, cuando dejamos de sentirnos seducidas/os, cuando la persona amada deja de ser ese ser especial por quien sentimos valoración, admiración, para convertirse en una persona como cualquier otra, cuando sentimos que la relación ya no da más de sí y que sirvió para una etapa de nuestra vida, cuando por alguna de las dos partes se desea dejar la relación amorosa, hemos de aprender también a decir adiós, a *despedirnos lo mejor posible*. Es un proceso de duelo y preparación para un nuevo cambio. Es otro momento de transformación y de creación.

Hacer una buena despedida es permitirse el tiempo para madurar internamente esa decisión de cerrar la etapa, dándose un tiempo de reflexión y abrir la posibilidad de *reencontrarse* —si las dos personas así lo desean, porque las relaciones son de dos—, desde otro lugar, con otro tipo de vínculo, quizás amistoso, quizás con distancia, pero con respeto y agradecimiento por lo bueno compartido. El resentimiento y el dolor, si lo hubo, ya se elaboró en el duelo.

Cada relación amorosa tiene un significado en nuestra

vida. Muchas veces no entendemos qué sentido ha tenido y qué han significado las distintas personas que han pasado por ella. Pero indudablemente *de cada relación podemos sacar una enseñanza.* Y si somos capaces de reconocerlo, ello nos ayudará más como personas y nos preparará cuando sea su momento porque estemos ya disponibles para una nueva apertura, para una nueva relación.

Ser flexibles es otra nota importante en el compartir. En el compartir hay que negociar, poder *utilizar el nosotros sin olvidarse del yo.* Pero hay que tener en cuenta que el yo continuo, ése que utilizábamos en nuestra adolescencia para reafirmar nuestra identidad, no es algo que se tenga que resolver en la pareja. Cuando se tiene una identidad clara, no hace falta reivindicarla continuamente ni luchar contra alguien que nos impide desarrollarla. Cada cual ha de buscar su identidad, su camino, su espacio en el mundo para poder compartir.

No olvidemos la *confianza* hacia la persona amada. La desconfianza, el recelo, no permiten la apertura ni la entrega.

Y de nuevo recordar que la experiencia del amor incondicional nos remite a nuestra potencia y creatividad más profundas.

CREAR VÍNCULOS AMOROSOS: LA FAMILIA AFECTIVA

Uno de los grandes problemas de nuestro tiempo es la vivencia de la soledad. No me refiero a la soledad física libremente elegida (vivir en soledad), ni a la sensación de individualidad, mismidad, que caracteriza a lo que llamaba separación (S). No. Es la sensación de aislamiento, la soledad impuesta como incomunicación con el mundo, con las personas, el no saber establecer vínculos afectivos o cómo mantenerlos.

Hay mucha gente que no tiene amigos/as, lazos afectivos, seres queridos a su alrededor, y tratan de suplir esto con la fantasía de una pareja. Pero al margen de que tengamos pareja o no, hemos de saber crearnos nuestra familia afectiva.

La familia afectiva es ese núcleo de personas a las que amamos, por quienes nos sentimos amadas y con quienes vamos estableciendo lazos afectivos a lo largo de nuestra vida. Pueden estar incluidos en ella miembros de nuestra *familia biológica,* pero muchos no lo serán, dado que su característica fundamental es que se trata de gente a la que elegimos para intercambiar nuestro afecto. De forma incondicional. Es, sobre todo, el mundo de nuestras *amistades.*

El sentido de pertenenecia a un núcleo afectivo da estabilidad y seguridad. Podemos vivir ahí la F/S, vivir el amor cotidiano, hablar, divertirnos, compartir intereses, proyectos; en suma, crear.

EL AMOR A LA HUMANIDAD: LA SOLIDARIDAD COMO UNA EXPRESIÓN DEL AMOR

Uno de los dramas de nuestras sociedades es la incomunicación. El sentido de soledad profunda, como decía anteriormente, cercena la vida y el corazón de las personas. Es el aislamiento. No es la individuación, es el individualismo que constituye unos de los valores sociales frente al valor de la comunicación y la solidaridad, propio de otras sociedades y otros momentos históricos.

El ritmo de vida vertiginoso, la necesidad de trabajar incansablemente para consumir aquello que nos dicen que nos conviene porque triunfaremos y seremos reconocidos –en lo social, por un hombre o una mujer, etc.– nos hace perdernos por el camino de la "búsqueda de la felicidad" –que buscamos a través de las cosas– el verdadero valor de lo cotidiano.

Fijémos en el metro o en el ascensor: la gente no se habla, no se mira; en algunos lugares puede ser considerado incluso como una falta de educación hacerlo. O cuando se mira es con desconfianza, hostilidad o morbosidad. Hemos perdido el encontrarnos con la mirada fresca y amistosa, con la sonrisa, el saludo real que cura los corazones, da confianza y alegría.

Hay que recuperar, *reencontrar aquellas formas de comunicación lúdicas, solidarias* o de sentirse en compañía. Esas redes de comunicación que todavía existen en ciertos medios, como la charla de café, del casino, o la sobremesa, los juegos compartidos por el mero placer de jugar mientras se charla, las fiestas familiares o amistosas... los juegos en la calle... Encontrar ese tiempo para compartir, para divertirnos juntos, para relajarse, para reírse... para contar también nuestras tristezas, nuestras preocupaciones... para aprender lo que el otro/la otra sabe, para enseñar o compartir lo que sabemos hacer... para ayudarnos, para escuchar y sentirnos escuchadas/os, para reconocer y sentirnos reconocidas/os.

El que las personas se acerquen actualmente a estructuras cuya finalidad es la solidaridad entre los pueblos, como algunas ONGs (organizaciones no gubernamentales), en un período histórico donde el desencuentro entre las personas y entre los pueblos –sumidos en las guerras y el odio– es tan grave, responde –¿qué duda cabe?– a la necesidad del ser humano de recontactar con esa esencia que es básica de la humanidad: el amor y las relaciones solidarias y de paz.

AMOR, NATURALEZA Y CREATIVIDAD

Una de las experiencias de amor maravillosas es la que sentimos frente a la naturaleza. Cuando hablo de naturaleza me refiero a cualquier forma de vida de nuestro planeta: animales, plantas, arboles, mar, montañas, ríos, o piedras. Hasta el polvo del camino ha servido para hacer poesía, para expresar el amor a un lugar.

Amamos cuando tenemos abierto el corazón y ensanchamos nuestro pecho con placer respirando los colores, los olores, las formas, los sonidos, los sabores. Cuando nos embriagamos con la belleza. Cuando nos dejamos balancear con el movimiento de las hojas agitadas por el viento. Cuando gozamos del canto de las aves o contemplamos el amor a través de la mirada de un perro. Cuando entendemos con nuestro cuerpo que un árbol no es algo tan diferente a otros seres, que cada piedra contiene elementos que existen en nuestro

Foto: Ana Sanz

cuerpo y que resuenan de diferente manera en nuestro interior, por lo que ya en las antiguas tradiciones se utilizaban como ayuda curativa para ajustar lo desajustado.

Todavía nos falta mucho conocimiento por descubrir, pero sabemos que necesitamos de minerales, de vegetales y de animales para vivir y para mejorar nuestra calidad de vida. La calidad de vida no pasa por la imposición de una forma de vida que destruye a las demás. Porque cuando esto ocurre se produce un desajuste. El mismo desajuste que se ha provocado por la tala masiva o los incendios de los bosques, la contaminación de las aguas o la expansión masiva de aerosoles.

El equilibrio implica un equilibrio F/S en el adentro y en el afuera. El sentir la naturaleza como algo propio, el sentirnos parte de ella y ella parte nuestra, y a la vez saber que somos diferentes y que *cada cual tiene su lugar en el mundo*. El amor se basa en el *respeto* de cada cual, *compartir* sabiendo poner los *límites* adecuados para la convivencia. Amar la naturaleza es dialogar con ella. Eso se ha hecho durante generaciones en distintas tradiciones culturales.

Mucho hemos avanzados en Occidente en algunos terrenos, pero hemos olvidado en buena parte nuestro amor universal, el amor a la naturaleza. Éste es un período de desajuste, de crisis, donde algo hay que cambiar. La visión androcéntrica ha roto el equilibrio del diálogo amoroso con el entorno. ¿Cómo hacer para agradecer lo aprendido y recuperar lo perdido?

La escucha interior y exterior es la clave que se ha utilizado en muchas tradiciones como conocimiento del entorno y en relación con él.

Ése es el reto creativo de este período. No pueden aplicarse sistemáticamente fórmulas del pasado porque el momento histórico es otro. Pero la sabiduría antigua puede también ayudarnos.

Armonizar la naturaleza desde la creatividad. Armonizar nuestras relaciones desde nuevas perspectivas. Gozar de paz interior. Llevar la armonía y la paz interior al exterior. Crear espacios exteriores de paz y respetar, contemplar y gozar los existentes.

Ésta es una expresión amorosa de la vida. Crear día a día. Generando amor. Con todo amor.

NOTAS

1. En este libro se parte de conceptos ya expuestos en mi libro *Psicoerotismo femenino y masculino*, Ed. Kairós, Barcelona, 1991.
2. Ver Bibliografía: *La nueva salud, Recuperar la salud, la enfermedad como camino*, etc.
3. Mantak Chia: *Sistemas taoístas para transformar el* stress *en vitalidad*. Ed. Sirio, Málaga, 1990.
4. *Chakras:* «Focos de energía centralizados principalmente alrededor de los órganos vitales del ser humano» Katzoff, M: *Psicología de los chakras*, Ed. Mandala, 1988.
5. Ibn Arabí: *Tratado del amor*, Edicomunicación, S.A., Barcelona, 1988.
6. «Crecimiento erótico y desarrollo personal". (Introducción a la sexología y la psicoterapia).
7. P. Ferrucci: *Psicosíntesis*, Ed. Sirio, Málaga, 1987.
8. Fina Sanz: *Psicoerotismo femenino y masculino,* Ed. Kairós, Barcelona, 1991.
9. Ibn Arabí: Tratado del amor. Edicomunicación, S.A., Barcelona, 1988.
10. En este ejercicio no se explora tanto la capacidad de elegir discriminadamente como de poder experimentar una sensación fusional.
11. Soledad no es aislamiento ni automarginación.
12. Abraham Maslow: *El hombre autorrealizado*, Editorial Kairós, Barcelona, 1972.

13. Ibn Hazm: *El collar de la paloma,* citado por Ramón Mújica Pinilla en *El collar de la paloma del alma,* Ed. Hiperión, Madrid, 1990.

14. Mariana Alcoforado: *Cartas de amor de una monja portuguesa,* Editorial Grijaldo, Barcelona, 1975.

15. Joseph Campbell: *El poder del mito,* Emecé Editores, Barcelona, 1991.

16. Joseph Campbell, *op. cit.*

17. Ramón Mújica Pinilla, *op. cit.*

18. Anicet Kashamura: *Famille, sexualité et culture,* Ed. Payot, París, 1973. Tambén se pude consultar Adolf Tüllmann: *Vida amorosa en el Lejano Oriente* (1973) y *Vida amorosa de los pueblos naturales* (1971), Editorial Círculo de Lectores, Barcelona, así como en las obras clásicas de antropología.

19. Pamela Levin: *Les cycles de l'identité,* InterEditions, París, 1986.

20. Manuela Dunn Mascetti: *Diosas. La canción de Eva,* Robinbook/Círculo de Lectores, Barcelona, 1992.

21. En mi experiencia clínica me he dado cuenta de que algunas personas que dicen no tener ninguna historia favorita durante la infancia, o no la recuerdan, se identifican con su propia historia personal en relación a su padre y a su madre. No la asocian a "historia favorita" porque no la han vivido como gozosa, sino asociada a sentimientos negativos.

22. Descrita en mi libro *Psicoerotismo femenino y masculino,* Ed. Kairós, Barcelona, 1991.

23. Recomiendo al lector o lectora que grabe su narración para poder escucharse posteriormente o que realice el ejercicio en un grupo terapéutico o de autoayuda.

24. Limitar el EP a un círculo es sólo una forma de poder hablar del tema tratando de entender gráficamente lo que es subjetivo.

25. Hay diferentes ejercicios, verbales y corporales, que clarifican el concepto de EP. En este capítulo sólo presentaré uno de ellos.

26. En realidad puede representar a la persona con quien desees explorar el vínculo.

27. Este modelo, como los otros, se da en cualquier relación dual, tanto heterosexual como entre personas del mismo sexo.

28. El contrato es el acuerdo que establece la pareja como compromiso y que puede constar de una serie de normas de convivencia o de relación. Cada pareja tiene su contrato. El contrato está implícito o explicitado. En este último caso la pareja puede discutirlo, renegociarlo –los contratos son revisables, re-contratables. Por el contrario, si queda implícito, puede generar confusiones, malentendidos ("yo nunca te dije que...", "yo pensaba que tú..."). El contrato de pareja no es algo escrito como el contrato matrimonial, pero tiene un valor simbólico y rige la forma de relacionarse. De ahí que en los trabajos psicoterapéuticos y sexológicos queda evidenciado y tenido en cuenta.

29. Ver *Psicoerotismo femenino y masculino*, Ed. Kairós, Barcelona, 1991.

30. Existió toda una tradición literaria conocida como "los martires del amor" que relacionaba el amor con la castidad y la espiritualidad. "El amor casto" es un amor arquetípico y angelical donde la imagen del Bienamado era adorada en el espejo de la memoria. "El amor udri –practicado por la tribu de los Banu Udra o 'Hijos de la Virginidad' del Yemen– era un ideal amatorio que se daba entre las gentes que se abstenían de los contactos físicos y de las relaciones sexuales con el fin de lograr la unión intelectual entre los amantes". "El amor udri o platónico/.../terminó por confudirse y entremezclarse con el amor místico" (Mújica Pinilla, R. *op. cit.*).

31. Cuando utilizo el término de "amantes" en este apartado me abstengo de darle la connotación negativa que se le da socialmente a este tipo de relaciones. Lo utilizo como descriptivo de unas de las tantas manifestaciones amorosas: la sexual. En el mismo sentido utilizo el término de "amantía": la estructura mantenida entre estas parejas.

32. Entiendo la pertenencia como una de las características de la fusión, no como se entiende normalmente como posesión objetual y cosificación del otro/la otra.

33. Como distinto al orgasmo tántrico, que se produce canalizando la energía hacia el interior. Ver *Psicoerotismo femenino y masculino*, Ed. Kairós, Barcelona, 1991.

34. Uno de los ejemplos típicos de esto suele ser el desamor que les produce a muchas mujeres que trabajan fuera de de casa el que sus parejas evadan cotodianamente las tareas domésticas que han de asumir ellas. Al cabo del tiempo –a veces años– se sienten instaladas en una situación injusta que puede convertirse en un desamor. Esto ocurre también en parejas del mismo sexo cuando se reproducen en ese campo roles femeninos y masculinos.

35. Un ejemplo típico de miedo al vínculo: tras el enamoramiento y ante el temor de la implicación sistemáticamente se busca defectos a la persona amada hasta crear de ella una imagen inaceptable.

36. Me refiero aquí al enamoramiento experimentado en cualquier fase del proceso amoroso: tanto al enamoramiento idealizado como al que sentimos cuando amamos con mayor realismo.

37. Kübler-Ross, E.: *Sobre la muerte y los moribundos*, Ed. Grijalbo, Col. Enfermería y Sociedad, Barcelona, 1975.

38. Estos sentimientos que vivimos mujeres y varones, y que forman parte esencial del universo femenino, se experimentan –y han de ser tenidos en cuenta– tanto en relación a las despedidas amorosas como en circunstancias en que hemos de despedirnos por ejemplo de nuestra madre, nuestro padre o de nuestros hijos/as cuando se hacen mayores y empiezan a separarse de la familia.

39. Los hombres y las mujeres cabe considerarlos como dos subculturas con roles dicotomizados. De ahí que no hable de relaciones homosexuales o lesbianas más que para hacer alguna puntualización. De hecho, la estructura de roles suele desarrollarse en cualquier tipo de relación siguiendo el modelo de relación heterosexual.

40. Cuando hablo de mujeres y de hombres hago referencia específicamente a lo que como subcultura femenina y masculina

hay de aprendizaje e interiorización de valores y roles, y de la manera en que se perciben y vivencian también las sensaciones, emociones, etc.

41. Charo Altable ha realizado un estudio sobre los roles en los guiones de vida de adolescentes: *Penélope o las trampas del amor,* Ed Mare Nostrum, Madrid, 1991.

42. Carlos Arango, en su tesis doctoral "El rol del psicólogo comunitario", presenta un capítulo dedicado a mi trabajo: "La terapia de Reencuentro: un caso de intervención en Salud Comunitaria" (próxima presentación en la Facultad de Psicología de Valencia).

43. En España son muy incipientes. Es sobre todo en los EE.UU., donde ya llevan algún tiempo realizándose.

44. Guy Corneau: *Hijos del silencio*, Ed. Circe, Barcelona, 1991.

45. Broma, burla.

46. En el libro de Juan Carlos Kreimer *Rehacerse hombres,* comenta lo siguiente: "Pasa una mujer por delante de nosotros, uno hace con las manos como si agarrara dos pomelos, y el otro debe hacer algún gesto de comprensión. El respeto por los códigos de conducta entre los hombres suele superar a la indignación".

47. Presenté una comunicación junto con la psiquiatra María Huertas acerca de este trabajo, en el IV Congreso Estatal de Sexología: "El autoconocimiento psicosexual como autoayuda frente a la medicalización: grupos de mujeres en los Centros de Salud Mental". Valencia, 13, 14 y 15 de Diciembre de 1991.

BIBLIOGRAFÍA

ALBERONI, Francesco: *Enamoramiento y amor*, Ed. Gedisa, Barcelona, 1993 (3ª.Ed.)

ALCOFORADO, Mariana de: *Cartas de amor de una monja portuguesa*, Ed. Grijalbo, Barcelona.

ALTABLE, Charo: *Penélope o las trampas del amor*, Ed. Mare Nostrum, Col. Forum Didáctico, Madrid, 1991.

ANDREWS, Frank: *El libro del amor*, Ed. Edaf, Madrid, 1993.

BELL, Donald: *Ser varón*, Ed. Tusquets, Barcelona.

BUSCAGLIA, Leo F.: *Amor. Ser persona*, Ed. Plaza y Janés, Barcelona, 1984.

CALLE, Ramiro: *El amor mágico y la sexualidad sagrada. El sexo a través del tantra, el tao y otras filosofías orientales*, Ed. Temas de Hoy, Madrid, 1993.

CAMPBELL, Joseph: *Las máscaras de Dios: mitología occidental*, Ed. Alianza, Madrid, 1992.

— *El poder del mito*, Emecé Editores, Barcelona, Col. Reflexiones, 1991.

CORNEAU, *Guy: Hijos del silencio. ¿Qué significan hoy la masculinidad y la paternidad?*, Ed. Circe, Barcelona, 1991.

CHANG, Jolan: *El tao del amor y del sexo*, Ed. Plaza y Janés, 1980.

DETHLEFSEN, T. y DAHCKE, R.: *La enfermedad como camino*, Ed. Plaza y Janés, Barcelona, 1991 (4ª. edición).

DE ROUGEMONT, DENIS: *El amor y occidente*, Ed. Kairós, Barcelona, 1979.

DOSSEY, L., COUSINS, N., KÜBLER- ROSS, E., HARNER, M., MAY, R., DASS, R., y otros: *La nueva salud*, Ed. Kairós, Barcelona, 1990.

DUNN MASCETTI, M.: *Diosas. La canción de Eva*, Robinbook, Círculo de Lectores, Barcelona, 1992.

FERRUCCI, P.: *Psicosíntesis*, Ed. Sirio, Málaga, 1987.

FINKIELKRAUT, Alain: *La sabiduría del amor*, Ed. Gedisa, México, 1988.

GOLDBERG, Herb: *Hombres, hombres. Trampas y mitos de la masculinidad*, Ed. Temas de Hoy, Madrid, 1992.

IBN ARABÍ: *Tratado del amor*, Edicomunicación, S.A., Barcelona, 1988.

JEQUE NEFZAWÍ: *El jardín perfumado*, Ediciones 29, Barcelona, 1975.

KASHAMURA, A.: *Famille, sexualité et culture*, Ed. Payot, París, 1973.

KATZEFF, M.: *Psicología de los chakras*, Ed. Mandala, Madrid, 1988.

KÜBLER-ROSS, E.: *Sobre la muerte y los moribundos*, Ed. Grijalbo, Col. Enfermería y Sociedad, Barcelona, 1975.

KREIMER, Juan Carlos: *Rehacerse hombres*, Ed. Planeta, Col. Nueva Conciencia, Buenos Aires, 1994.

LAPIERRE, A. y AUCOUTURIER, B.: *El cuerpo y el inconsciente en educación y terapia*, Ed. Científico-médica, Barcelona, 1980.

LEONELLI, E. Leslie: *Las raíces de la virilidad. Guía al misterio masculino*, Ed. Noguer, Barcelona, 1987.

LEVIN, Pamela: *Les cycles de l'identité*, InterEditions, París, 1986.

MANTAK, Chia: *Sistemas taoístas para transformar el stress en vitalidad*, Ed. Sirio, Málaga, 1990.

MAY, Rollo: *La necesidad del mito. La necesidad de los modelos culturales en el mundo contemporáneo*, Ed. Paidós, Barcelona, 1992.

MASLOW, Abraham H.: *El hombre autorrealizado*, Ed. Kairós, 1982 (4ª. ed.)

MATTHEWS, Caitlin: *Las diosas. El reencuentro con la divina femineidad*, Ed. Edaf, Madrid,1992.

MATTEWS-SIMONTON, Stephanie, SIMONTON,C. y CREIGH-TON,J.: *Recuperar la salud*, Ed. Raices, Madrid, 1988.

MUJICA PINILLA, Ramón: *El collar de la paloma del alma. Amor sagrado y amor profano en la enseñanza de Ibn Hazm y de Ibn Arabí*, Libros Hiperión, Madrid, 1990.

MURDOCK, Maureen: *Ser mujer: un viaje heroico. Un apasionante camino hacia la totalidad*, Ed. Gaia, Madrid, 1992.

SANZ, Fina: *Psicoerotismo femenino y masculino*, Ed. Kairós, Barcelona, 1991.

— "El método de la Fotobiografía". IV Congreso Estatal de Sexología: Ayer, Hoy, Mañana... Valencia, 1991. Ed. Generalitat Valenciana. Consellería de Sanitat i Consum, 1991.

— (en colaboración): *L'home i les seves pors*, Ed. La Llar del Llibre, Barcelona, 1989.

— "El autoconocimiento psicosexual como autoayuda frente a la medicalización: grupos de mujeres en los Centros de Salud Mental". IV Congreso Estatal de Sexología: Ayer, Hoy, Mañana... Valencia, 1991. Ed. Generalitat Valenciana. Consellería de Sanitat i Consum, 1991.

— La Salud de las mujeres en Atención Primaria., Ed. Federación de Asociaciones para la Defensa de la Sanidad Pública, Madrid, 1991.

SINGER, June: *Energías del amor. Sexualidad y Nueva era*, Ed. Kairós, Barcelona.

VATSYAYANA: *La Kama Gita. El canto del amor*, Ed. Adiax, Barcelona, 1982.

VARIOS: *Ser Hombre*, Ed. Kairós,Barcelona, 1993.

VARIOS: *Ser Mujer*, Ed. Kairós,Barcelona, 1993.

WEISMANN, Eberhard: *Los rituales amorosos*, Ed. Salvat, Barcelona, 1986.

WIECK, Wilfried.: *Los hombres que se dejan querer. La adicción a la mujer*, Ed. Urano, 1991.

SUMARIO

Índice

Direcciones

Fina Sanz:
finasanz@terapiareencuentro.org

Instituto Terapia de Reencuentro:
www.institutoterapiareencuentro.org

Fundación Terapia de Reencuentro:
www.fundacionreencuentro.com
fundacionterapiareencuentro@gmail.com